조랭이 모래 되어

돌멩이 모래 되어

이항우 시집

도서출판 천우

인생 제1라운드

시인이자 수필가인 이항우는 1948년 부산 해운대 송정해수욕장에서 태어나다.

해녀인 모친과 일제시대 말 강제징집을 당하고 압록강 근처에서 일본군에 항거하다 탈출하여 숱한 모진 풍파를 겪었고 6 · 25 전쟁 때엔 왜관전투에 참전하여 상이군경이 되신 부친 슬하에 장남으로 태어나 바닷가 초가집에서 살다.

전기와 버스길이 없었던 그 시절, 중학교, 고등학교, 대학을 기차 통학하며 호롱불 밑에서 수학을 하다.

군 생활 때 월남(베트남)전쟁에 참전한 국가유공자 집안이다.

인생 제2라운드

1975년도부터 LG전자(구 금성사)에 입사하여 11년간 방송 및 정보통신사업 부문에서 일하시다가 1987년도에 (주)원남시스템을 창업하여 38선 최전방부터 전국 방방곡곡을 누비면서 우리나라가 오늘날의 IT세계강국이 될 수 있도록 네트워크를 구축하는 산업의 역군으로서 국내 선두그룹 대열에서 일하다.

이 중 특이한 사업은 우리나라의 최초로 휴대폰 전화기가 도입되면서 이북에 전파가 넘어가지 못하게 하는 전파방해장비를 제작공급 설치하는 사업이다.

동해 '건봉산' 양구 '백석산' 연천 '천덕산' 파주 '파평산' 판문점 '도라산' 김포 '연화봉' 강화 '별립산' '볼음도' 서해 '연평도'까지 휴전선 최전방 고지에 그물망처럼 전파로 제2의 38선을 만드는 사업이다.

사업을 하면서 사람에 시달리는 고통이 심하여 나를 찾고, 사람을 알고 인생학 공부를 시작하다. 인상학, 역학, 주역, 성명학, 풍수학 공부를 하게 되며 지속적인 학구열로 서예도 배우고 계속해서 수필(시) 공부를 통하여 문단(시, 수필)에 등단하기도 하다. 일주일에 두어 번은 인천시립대학교에서 강의도 하다.

인생 제3라운드

평소 오십이 되면 인생 제3라운드를 살겠다고 설계하여 오다.

1998년 3월에 중소기업 백여 업체의 광명시범공단 이사장을 맡게 되다. 공단은 한마디로 제조업체와 종업원들의 편익을 위한 것이 아니라 어려운 중소제조업체를 상대로 각종 영리가 오가고 있었다. 엄청난 고통을 감수하면서 과감한 구조조정을 통하여 정상으로 되돌려 놓다. 이때부터 지역사회를 위해 봉사하면서 광명상공회의소 창립 초대상임고문, 광명애향장학회 이사, 민주평화통일회의 자문위원, 한국예총광명지회 자문위원장 등등 지역사회를 위해 여러 분야에서 활동하다.

2006년도부터는 가지 말아야 할 길을 걷는다. 어느

정치가의 꿈에 정치한답시고 광명시장 후보, 국회의원 후보로 진흙탕 싸움에 끼어들어 미치광이 짓 5년을 보내다. 인생 살면서 안 해본 것 없이 살아온 후회 없는 인생길이었다.

인생 제4라운드

지금은 조용히 물러서서 관조 속에서 과거를 조명하며 인생을 마무리하는 황혼기를 맞다. 경기도 여주에서 '남한강변 힐링농원'을 운영하면서 산속 하천이 흐르는 남한강둑에 자연과 더불어 인생 제4라운드를 즐기고 있다.

제1라운드는 태어나면서 부모님의 품 안에서 미래를 위한 인생을 준비해 왔고, 제2라운드는 사회에 발을 딛으면서 최대의 인생 황금 시기를 만났고, 제3라운드는 여태껏 남에 의해 살아왔다면 지금부턴 보람된 인생을 살아보자는 것이다.

이제 벌써 인생 제4라운드를 맞으며 칠순이 되다. 칠순을 기념하여 삶의 과정 속에서 터득한 생활 속 철학을 바탕으로 2018년 『돌멩이 모래 되어』 시집을 내다.

2018년 1월

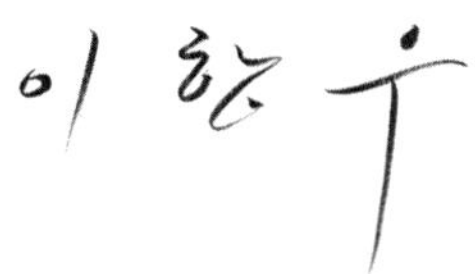

제1부

돌멩이 모래 되어

● 시인의 말

제2부

광명호

제3부

둥지에서

제4부

삶

제5부

일송정(一松亭)

제6부

행복을 꿈꾸면서

제1부

돌멩이 모래 되어

맨들 바위

서너 평 남짓한 바위
엄마 품속처럼 자애로운 지리산 형제봉
보문사 스님 목탁 소리 새벽잠 깨우고
자연의 숨소리에 입맞춤한다

육백 리 물길 따라 팔십 리 포구 섬진강
신라 고운 최치원도
조선조 이인노도
박경리, 신동엽도
한을 실은 사람들을 기렸고

고소영 자락
소쿠리 모양 토속 짙은 천년고을
몇 백 년 묵은 소나무 시원한 그늘 아래
지붕 없는 사랑방 맨들 바위
대봉감 한입 물고 황금빛 가을 들녘 풍광에
나의 맥박이 멈추네

돌멩이 모래 되어

부딪치며 굴러가자
물 따라 강 따라 굴러가자
작아져도 그대로 끝까지
보잘것없는 모래 되면
또 어때

구르면서 큰 것에 부딪치자
누가 이길지 알 수 없지만
설령,
내가 지더라도
나는 부딪쳐 보자
돌멩이가 모래 될 때까지

바람이 세차게 때려도
난 아프지 않아
무엇에 패여도
난 하나도 아프지 않아
그대로 난
물 따라 강 따라 흘러가겠어

돌멩이가 모래 되어
넓은 세상에서

사공의 뱃노래도 듣고
갈매기의 슬픈 사연도 얘기하고
하얀 백사장도 만들어
밀물과 썰물 옷을 갈아입으며
바다와 함께
영원히! 영원히!

훨훨 저 멀리 날 때까지

어느 날 둥지를 틀어 알을 낳고
쉴 새 없이 암놈 수놈 알을 품어 부화를 했네
푸른 산속 적막을 깨트리는 새 울음소리
경사라도 난 집처럼 웃음꽃이 가득하네

새 둥지 안에 입 벌리고 어미를 기다리는
새끼들의 모습들
먹이를 모아주는 수고는 알 필요도 없이
그저 그저 배만 채우려 하고

이 땅에 좋은 것 다 모아 자식에게 주고파
땀 흘리는 수고쯤 기쁨으로 대신해지니
아이야
이 어미 마음 알기나 하나

입술이 타들어 가도록
오장육부가 뒤흔들도록
이를 악물고 빠지도록
험한 길 함께 걸어온 벗님네들과
참고 견디며
새 생명을 잉태해 주었다는 것을…

밝은 세상 나왔다고 울음을 터트리지만
축 늘어진 어미의 가없음을 알기나 하나
아이야
내 몸에 힘이 있는 그때까지
상상의 날개를 펴며 깊은 산속을 헤집고 다닐 터다
훨훨 저 멀리 날 때까지

기차 통학

버스길이 없던 시절
새벽 네 시면 바빠지는 엄마의 손길
호롱불 켜고 솔갈비로 가마솥 밥 지어
보리밥 김치 듬뿍 도시락 챙기신다

양치는 소금물에 세수는 물만 슬쩍 묻혀
고갯마루 까만 연기 기적 소리 울릴 적에
밥 한 그릇 훌쩍 말아 먹고
'걸음아 날 살려라' 역으로 뛰네

거친 숨소리 비좁은 통학 칸
뭇 사람 땀 냄새가 코를 찌르고
어느 순간 승객들은 동편 차창으로 몰려
동해의 장관인 일출을 본다

귀가할 땐
풀빵으로 허기를 채우며
여학생 꽁무니 쫓아다니는 낭만에
기다림의 향기를 피우면서

썩고 퇴색된 대합실 벤치에
통근열차 오기만을 학수고대하고

별 보고 나가
별 보고 집으로 온다

인간에게 결코 기적은 없다

콩 심은 데 콩 나고
오이 심은 데 오이를 거두듯
사람은 자기가 심은 만큼 거두게 마련이다

인간에게 결코 기적(奇蹟)은 없다
쉬지 않고 한 발 한 발 내디디고
작은 발걸음이 수없이 모여
높은 산의 정상에 도달하듯

무단히 노력하는 사람만이
자기가 원하는 목표를 달성할 수 있다
흘러가지 않는 물은 썩기 쉽다

전진이냐 침체냐 후퇴냐는
내가 지금 어떻게 행동하느냐에 따라
미래가 좌우되는 것이거늘

인생

생을 절제하는 때가 있었다
넝마를 걸치고…
저 골목에서 인생 철리(哲理)를 찾는다

모래시계의 마지막 모래알이 떨어지는 것처럼
생의 종말을 생각해 보셨나요?
살 날이 딱 하루밖에 남지 않았다면
무엇을 할까 생각해 보셨나요?

밤바람에 씻긴 무지개를 타고 동물들을 만나
저 거리에서 고등동물들이 인생을 물어온다면
당신은 무덤을 생각해 보셨나요?

당신은 임종할 적 어떤 말을 남기겠습니까?
넝마를 줍듯이 생을 주워 가노라면
인생은 쓰레기와 같은 것
화장 막에서 터득하는 인생은 진리를 줍는 것이지요

북 바람

바람이
불어오다 구겨진다
동에서 북으로 가고
서에서 북으로도 가고
그러나
북에서는 바람이 오지 않는다

긴 밤 꿈속에서
빌려줬던 바람을 일부 되받았다
몹시도 흔들거리던 바람 향기
불어라! 바람
불어라! 바람
북 바람아, 불어라!

바람이 이젠
구겨져서 분다
출처를 알 수 없는 바람이
북으로 간다
그러나
북에서는 바람이 불지 않는다

오늘 밤 꿈속에서
빌려줬던 바람의 향기를 찾아
북에서 부는 바람을 볼 수 있을까?
불어라! 바람
불어라! 바람
북 바람아, 불어라!

연평도

아무나 가보지 못하는 연평도
비무장지대 돌밭
해삼과 멍게
그리고 고동이 바위틈에 기어 다닌다

얇고 넓다란 돌판을 주워 아궁이 만들어
삼겹살 태우며
자연산 굴, 해삼, 멍게
술안주 삼아
술 한 잔을 곁들인다

붉은 고추장에 엄지손가락만 한
푸른 고추 듬뿍 찍어 먹는 맛
온몸을 적신다

그 어느 술맛이 이 맛을 따르랴!

기러기 떼 행렬이
북쪽 하늘로 가물가물 자취를 감춘다

저만치 곧게 이어진 북녘
연백평야가 아스라이 보인다

북녘 하늘 벗님이여!
이 멋과 맛을 아는가
내 이 술 한 잔 기러기 떼에 보내 권하느니
우리 동무 되어 춤추자

대한민국 젊은이들이여!

대한민국 장래를 짊어질 젊은이들이여!
여러분은 6,70년대의 세대가 겪은 아픔을 얼마나 알고 있는가
지금 여러분은 조국을 위해 얼마만큼 땀과 눈물을 흘리고 있는가
우리가 누리는 풍요로움 뒤에
선배들의 피와 땀과 눈물이 있었다는 것을
결코 잊어서는 안 된다

1964년 국민소득 100달러!
단군할아버지로부터 무려 4,600년의 긴 세월…
'조국근대화'의 점화는 서독에 파견된 간호사와 광부들이었다
월남전 파병은 우리 경제 희생의 기폭제가 되었고
작열하는 사막 중동 건설현장에는 노동자가 있었다
한반도에 동맥이 흐르기 시작했고
세계가 놀라운 한강의 기적을 낳았다

거리로 몰려 나와 교통질서를 마비시키는 그대들은
아버지와 할아버지 세대의 피와 땀과 눈물을 아는가

내일의 삶을 위해
국민소득 4만 불 시대를 열기 위해
우리 신,구세대는 한 덩어리가 되자
이제 갈라져 반목하고 갈등하기에는 갈 길이 너무 멀다

이제 우리 모두 한번쯤 자신을 돌아보자
같은 뿌리에 난 상생의 관계임을 확인하고 다시 한번 뭉쳐보자
우리 모두 선배를, 원로를, 지도자를 존경하고 따르며
우리 모두 후배들을 격려하고, 베풀고, 이해해주면서 함께 가보자
우리 대한민국의 앞날에 더욱 밝은 별이 비칠지리니!

개울물

어제는 힘차게
개울물 흘렀는데
오늘은 속이 다 들여다보이며
바닥이 보이는구나

너도 나처럼
초죽음이 되어가네
목이 마르다
침이 메말라 온다

하늘아! 하늘아!
비를 다오
모진 비바람 맞으며
세상 빛 밝혀주었거늘
내 신세 어쩌나

꿈인가 생시인가
간밤 꿈
비가 내리네
창문 열고 손 내밀어보니
비는 비구나

정직한 자 간절함에
보답인가
개울아, 개울아
이제 우리 속 보이지 말자

어물쩍

누가 태어날 때부터
전문가인 사람이 어디 있는가?
누구든지 처음은 있는 법
독수리도 기는 법부터 배우지 않는가?

처음이니까 모르는 것도 많고
실수도 많겠지
'저런 초짜가
어떻게 이런 현장에 왔나?' 라고

6개월과 20년 차 베테랑과
어떻게 비교하랴
모르는 것
물어보면 되고

실수하면 다시는
같은 실수를 하지 않으면 되는 거지

순간을 모면하느라
모르는 걸
아는 척하며
어물쩍 넘어가지는 않아야지

시련

어쩜
나 혼자
이런 시련을 하지만

태어날 때
고통 안고
세상에 나와

지금껏
숱한 시련 이겨내며
잘도 견뎌왔는데

이까짓 것 하며
헤딩구 한 방으로
날려 버리자

사랑의 노예

자! 이제 만남의 쇠고랑을 끊어 버리자
실오라기처럼 엮어져 있는
우리의 만남 인연을

우리는 귀한 인연이기에
얽히고설킨 매듭
하나하나 풀어
가위나 칼로 잘라 버리자

자유의 한숨을 내몰고
맘껏 활보하자
찌는 듯한 인연들을 한 아름 안고
눅눅한 대지 위에서 비틀거리진 말자

한 올 한 올 베처럼 엉켜져 있는
허허한 인연들이면 풀어 제치고
우리에게 꼭 맞는
우리 인연을 수놓도록 하자

자! 이제 너와의 실오라기 같은 인연을 풀어 버리자
서로가 서로의 노예가 되어

너무나 긴 유랑을 해 왔다
그러나 이젠 서로가 진실을 토해 놓아야 한다

그리하여 얽매인 사슬이랑
바람결에 날려 보내고
새로운 불을 지피자

풀잎이 되렵니다

새봄이 오면
바람의 향기를 아는
아름다운 풀잎이 되렵니다

향기를 모르는 도시 건물들은
바람의 향기를 모른 채
바람에 흔들리지 않지요

새봄이 오면
바람에 흔들려도
절대 바람에 꺾이지 않는
고개 숙일 줄 아는
그런 풀잎이 되렵니다

거친 땅에 깊은 뿌리 내려
모진 바람 만나도
부러지지 않고
다시 일어나는
그런 풀잎이 되렵니다

제2부

광명호

혼이 담긴 구름산 예술제

뭇 사람들의 사랑을 듬뿍 받으며
성숙된 모습으로 자란 너
무척이나 자랑스럽게 보이는구나

해마다 일 년간 가다려 온
너의 우뚝 솟은 모습들을 보여주기 위해
시작의 종소리를 울리는구나
나도 너와 더불어 한배를 탔도다

시민 여러분!
모입시다, 축제의 한마당으로
오십시오, 다 함께 즐거운 시간을

우리가 낳은 구름산 예술제
우리가 키운 구름산 예술제
우리의 혼이 담긴 구름산 예술제

예술은 관객을 먹고살기에
우리 모두가 참여하여 힘찬 박수로…
우리의 박수 소리가 구름산을 시작으로
백두산까지 메아리칠 수 있도록
힘차게! 힘차게!

광명호

밤을 다하여 우리가 고향을 남기고 온 까닭은 무엇인가
밤을 다하여 우리가 새벽을 달려온 까닭은 무엇인가
동해의 햇살 너머 우리가 타고 온 기차를 떠나보내고
우리 각자 가슴을 맞대고 구름산을 바라보며 살고 있다

해가 떠오른다!
광명의 날이 밝아 왔다
해는 바다 위로 막 떠오르는 순간에는 바라볼 수 있어도
성큼 떠오르고 나면 눈부셔 바라볼 수가 없다

우리는 누가 누구의 해가 될 수 있겠는가
우리는 다만 서로의 햇살이 될 수 있을 뿐
우리는 지금도 팔짱을 끼고 나란히 걷고 있다

새로운 광명호가 드디어 기지개를 펴고 달리기 시작한다
광명 벌을 따라 뻗어 나갈 저 철길
지금껏 우리 모두 평행을 이루며 달려왔듯이
이제 우리 모두 하나 되어 광명호와 함께 달리자

이제 도덕산을 너머 구름 산자락에
광명의 날이 밝아온다

우리 모두 붉은 햇살이 되어
광명의 날을 밝히자

금빛 노을을 찾아

어느 가을 녘
소년은
거실 창가에 다가가
저편 산기슭에
금빛으로 물들고 있는
짙은 노을을 보았다

소년은
그 아름다움에
단번에 마음이 사로잡혀
산등성이에 걸린
금빛 노을이 탐나
노을을 찾아 나선다

걷고 또 걷고
지치도록 걸어서
산 너머에 도착했지만
산 너머엔 낙엽만 떨군 채
앙상한 나뭇가지들만 있었고
그토록 갈망하던 금빛 노을은 사라져 버렸다

소년은 그만 고개를 떨구고…
간신히 마음 추스르며
마을로 발길을 되돌리려고
고개를 든 순간

소년이 살던 마을에
그토록 찾아 헤맸던
금빛 노을이 곱게 물들어 있지 않은가

기회가 닿으면

'다음에'
'기회가 되면'
'언제 한번'

그러나
시간이 지나면
영원히 오지 않습니다

사랑한다고
말할 수 있는 그때 그날들이
그리 많지 않습니다

기회가 닿으면
오늘 당장이라도
사랑한다고 말하세요

단 한 사람

단 한 사람
그 사람 앞에서만
당당하고
자랑스럽고
훌륭한 사람이고 싶은 사람

함께하지 못한 시간만큼
미안한 마음만큼
더 깊게 사랑을
채워주고 싶은 사람

단 한 사람
사랑하는 당신입니다

두레박

깊은 어둠 몰아내고
희망을 길어
올리게 하는
두레박

당신이 바로
나의 삶입니다

무거운 짐 안고
허우적거릴 때
쉽게 들어
올릴 수 있게 하는
지렛대

당신이 바로
나의 가족입니다

등불

당신은 나의 등대
나는 당신을 향하는 배

당신이 있기에 내가 있습니다

당신은 내 등불 되어
구석구석
어두운 곳까지
그 빛을 발하여
길을 잃지 않았습니다

언제나
그늘이 되어주고
의자가 되어주고
손수건이 되어주는

당신은
내일을 여는
나의 등불입니다

만남과 헤어짐

인생은
만남과
삶과
헤어짐이 있기 마련이지요

만남은 시작이요
믿음과 신의이지요

삶은 과정이요
진실과 성실함이지요

헤어짐은 끝맺음이요
무언가 발자취를 남기는 것이지요

목표

'시작이 반' 이고
'첫 단추를 잘 꿰어야 한다' 고 합니다

이처럼
시작과 출발은 중요한 거랍니다

하지만
좀 늦었다면
중간에 속도를 내면 되고

첫 단추 잘못 채웠다면
다시 채우면 됩니다

중요한 것은
포기하지 않고 목표에
누가 일찍 도착하는 것이랍니다

벽

담이 높다
높은 벽을 따라
발뒤꿈치를 치켜들고
모가지를 빼보아도 그저
등만 보이는 세상

거대한 모순의 한가운데
그림자 하나 들고 우린
먹이를 쫓고 있다

곡괭이로 파고
삽질로 뜨고 해서
사토(沙土)는 쌓이지만
그만큼의 깊이는 없다

오늘도 품삯의 지폐 한 장 들고
멍든 가슴 달래려
썰렁한 주점에서
쓴 쐬주 한 잔으로 목을 축인다

'울고 싶어라' 라는 유행가를
흥얼거리면서 집을 향하면

아스팔트길도 장단 맞춰 춤을 춘다
집으로 갖고 가기 싫어
이 세상 더러운 것 다 토해낸다

시대를 빗댄들 일당이 오르겠느냐
끝내주는 남편도 못 되고
돈 많이 버는 아빠도 못 되고
하루 노임으로 취해 돌아눕는 밤

내일이면 또다시
멍들어 넘어진 곡괭이를 고쳐 잡고
퍼렇게 날이 선 삽을 챙기며
가슴 벽 허무는 일터로 나선다

섬김

저 얼굴들
여의도 국회의사당
백성을 하늘처럼 생각하고
고뇌를 가져야 하는
그 높은 뜻 알기나 할까

여의도 선량(選良)들이여!
고뇌하는 얼굴들을 하고 있는가?
그대들은 민초(民草)를 위하여
얼마나 고뇌하고 있는가?

여의도 시집살이 길고도 짧은데
섬김의 세월로 지내고 있는가?
젖은 장작 연기로 울음 아닌
눈물 흘리며 밥을 지어주고 있는가?

잘했다 못했다는 섬김 정신으로
잠시 수고하면
너의 이름 알아주리라

유세

큰 소리 외치지 않아도
목청 돋워 청중 모여드는 유세장 아닐지라도
먼저 공약 억세게 내세우지 않아도

여러분!
그 한마디로
그래 바로 당신이야 할 수 있는 사람

사과박스에 파랑 지폐 넣어두는 정치가 아니라
빈손을 가지고도 놀라운 기적을 이룰 수 있는 사람
모를 심으면 추수할 때까지 때를 아는 사람

벽보에 덕지덕지 붙이지 않아도
화려한 경력 학벌 내세우지 않아도
그 이름 하나로 안방에서
고개를 끄떡여주는 사람

이러한 사람 사람이어야 한다

내 가진 것 무겁다고 상대야 어떻든…
내 만족에 도취되어
욕심 채운다면 '개새끼' 라 불러야지요

작은 잎

거센 바람에도
요지부동하던 나
구멍 난
저 작은 잎 하나로
온통 흔들릴 줄이야

내 가슴 회오리바람 되어도
끄떡도 않던 나
붉게 탄
저 단풍잎 하나로
눈물 글썽일 줄이야

가슴에 붉은 상처 되어
가슴 아픈 바람이 술렁인다
저 낙엽 떨어졌네
천길 벼랑에 매달릴 줄
미처 알지 못했지

바람은 매듭 눌린 자리
숨 터져주고
변함없는 나
그 자리 서 있게 하네

외갓집

주인은 어디로 갔는지
빈 마당
구석진 흙 담벼락 바라보니
자루 빠진 호미 하나
눈에 들어오네

흙바닥에
자란 잡초
녹슨 호미를 비웃듯
온 마당 덮은 잡초들
웃음꽃 피었네

언젠가 주인님 돌아올까
이 잡초들 어쩌면 좋아
제집 아닌 곳에
뿌리 내린 것 알기나 할까

희망

당신의 삶
온통 봄빛으로 채우기 위해
어둠 밑으로 뿌리 내린 나

차가운 흙 속에서도
씨앗은 꿈을 꿉니다

희망은 보이지
않는 곳에
믿음을 줍니다

아무리
겨울이 길고
추워도

두꺼운 얼음장 밑에
물은 흐르고 있습니다

제3부

둥지에서

둥지에서

K형! 나 여기 있소
구름산 기슭 광명시범공단 둥지에
둥지 속에는 중소기업 백여 업체 주인이 있소이다
나도 백여 업체와 함께 나란히 먹이를 날아다 주었소
그동안 둥지를 지키는 사람들이 있었더랬소
어느 해인가 그들은 밥그릇 싸움을 하고 있었소
둥지를 지키는 우두머리가 되려고

나는 오기인지 정의인지 발동이 걸렸다오
그래서 나는 둥지를 지키는 새 주인이 되었소
뻐꾸기가 개개비 둥지에 몰래 알을 놓지요
개개비 둥지에서 개개비 어미가 날라 주는
먹이를 먹으면서 자란 뻐꾸기는 개개비 새끼를
둥지 밖으로 밀쳐내 버려 결국은 둥지를 차지하지요
나는 뻐꾸기 같은 행동은 하지 않았소이다

그런데 웬일입니까?
태풍인가 악풍인가 빼앗긴 둥지를 찾으려고 그들은
모두 모두 흔들어 대었소
바늘첩에 가지런한 바늘이 뒤범벅이 어쩜이요
썩어 문드러질 억울함 열어 보이지 못하고
모진 바람 다 견디며 끝없는 매듭을 찾기를

여러 해 걸렸구려
진실한 자 누구인가 가리어졌소이다

그래서 나는 둥지를 지키는 새 주인이 되었소
익숙한 것으로부터 낯선 곳으로
한 번도 가보지 않은 미지의 곳으로 나는 길을 택했소
모든 걸 갈아입기 시작했고
변화는 또 한 번의 물결로 출렁이기 시작했소이다
본래 얕은 데에는 파도가 크게 일지 않소이까
어느 정도의 깊은 곳에 파도는 잠잠해지지요
나도 거친 파도를 거쳐 깊은 곳으로 헤쳐 나왔소이다

K형
세상이 많이도 변하고 있소이다
광명시범공단 둥지를 틀 때만 해도
국내 최초이자 최고를 자랑했는데…
이제 해묵은 둥지가 되어 버렸소이다
이웃 구로 디지털 산업단지는 새 옷으로 갈아입은 둥지가
우후죽순(雨後竹筍) 격으로 영역을 확장하고 있소
이곳은 이제 아무 새도 찾지 않는 둥지가 되어 가고 있소

이제는 우리도 새 둥지를 틀 수 있을 것 같소
이웃 둥지보다 더 좋게 더 넓게
광명 벌에 새 둥지를 만들어 나가야겠소
둥지를 트고, 알을 낳고, 부화를 해서 하늘 높이
날아가는 새처럼
나도 우리도 훨훨 날고 싶소

세계는 경제전쟁 중이다

지금 세계는 생존을 건
치열한 경제전쟁을 벌이고 있다
이 경제전쟁은 군대가 싸우는 것보다
더 치열하고 냉엄하다
이 전쟁은 적도 분명치 않고
시작도 끝도 없는 전쟁이다

이제 세계 곳곳에서 생존을 건
무한 경쟁이 우리들을 기다리고 있다
이는 기업을 떠나 국가와 국가 간의 총칼 없는 전쟁이다
새로운 무역 장벽을 내세워
자국의 이익과 기득권을 유지하려 하고
'받을 것이 있어야 주는' 경제 원리로
국제 질서가 빠르게 변화하고 있다

이처럼 세계는
군사력 중심에서 경제력 중심으로
국제적 개방 시대를 맞고 있다
올림픽 경기에서 아무리 은메달을 많이 따서도
금메달 하나만큼 못하다
1등만이 살아남는다

경제가 무너지면 우리 모두 설 자리를 잃는다
경제는 기업인의 것만이 아니다
근로자의 것만도 아니다
경제는 우리 모두의 것이다

그러므로 경제가 위기에 처해 있다면
우리 모두가 힘을 합쳐서 헤쳐 나가야 한다
기업은 인간과 같이 살아 숨 쉬는 유기체이다
성장 없이 정체해 있으면 그 기업은 죽게 된다
기업은 언제나 생기가 넘쳐흐르고 살아 움직여야 한다

중소기업인 고뇌

사회에 첫발을 디디며
세일즈맨의 색깔로 옷을 갈아입었고
젊은 나이에 대망의 꿈을 안고
호랑이 등에 업힌 줄도 모르고 사업에 뛰어들었다

회사는 점점 인원도 늘어 대 식구가 되었고
마누라는 직원들의 점심, 저녁을
집에서 손수 밥을 해서 날랐다
생산성이 올라갔고 품질도 좋아졌고
수익성 또한 좋아졌다

그런데 사촌이 논을 사면 배 아파한다는
옛 조상들의 말이 틀림없었다
원천공급업체는 가격을 내리고 주문량도 줄이면서
딜레마에 빠지기 시작했다

참으로 암담했다
나 홀로 김포가도에서 막걸리를 마시며
하루 종일 생각하고 또 생각했다
인원을 어떻게 할 것인가
시설투자비는 어떻게 하고
바이어에 대한 배심감 등

첫 번째 눈물을 흘리고 있었다

엎친 데 겹친 격으로
믿었던 기술자마저 떠났다
비 오는 날 새벽 2시
기술자 집에 찾아가 차 속에서 밤새껏
제발 떠나가지 말아달라고 빌었다
사업하면서 흘린 두 번째 눈물이었다

팽이가 돈다
죽지 않으려면 돌아야 하고
돌려면 매를 맞아야 한다
오로지 죽지 않고 사는 길은
매 맞는 길 하나밖에 없듯
호랑이 등에 이미 업혔으니 이 어찌하리…

살아 숨 쉬면 기회가 온다고 했던가?
전직 직장 동료 4명이 동업제안을 하여 왔다
이 또한 얼마 못 가 벽에 부딪쳤다
동료 한 명이 창업을 선언했고
그것도 핵심 기술자들을 몽땅 데리고 나갔다
또 한 번의 충격이었다

지금까지 돈보다 사람이 중요하다고 생각했는데
역시 사람보다 돈이 더 중요하다는 걸 새삼 느꼈다
'아! 사업이 이렇게 어렵구나
돈과 사람
생산과 품질
연구개발과 관리를 두루 갖춘 하나의 예술품이구나'
곧 쓰러져 가는 갈대와 같이 휘청거리다가
다시 일어나는 과정을 또 한 번 거쳐야만 했다

이젠 주위엔 아무도 책임질 사람이 없다
남은 것은 상처뿐인 은행 빚뿐
"곶감이나 따 먹고 말걸" 하며 후회도 해보지만
어쨌든 기업은 살아 움직여야 하는 법
투자를 하지 않으면 미래가 없는 기업이기에
언제나 사람에 시달리는 고통을 감수하면서도
매 맞으며 팽이가 돌듯
호랑이 등에 업혀가야만 하니

꼬였네! 꼬여

꼬였네!
꼬였어
왜 이렇게 꼬였나

엉켰네!
엉켰어
더럽게도 엉켰네!

보이지 않아
매듭이

실마리는 어딜 갔나

밀물처럼 밀려와
한꺼번에
만조가 되어 버렸네!

아서라!
털어 버리자!
새 불씨 지펴
새 옷으로 갈아입자!

수레바퀴

산에는 수많은 종류의 나무들이 모여 살고
들에는 수많은 동물들이 강약을 다투며
피차간에 균형을 이루고 살고 있고

국가와 국가도 끊임없는 각축을 벌이면서
어느 한 나라의 존립에만 허용되지 않는 것이
신(神)의 섭리(攝理)이거늘

기업도 나만의 기업이 없고
나 외의 기업도 대 중 소를 나뉘어
각 기업들이 군립하고 싸우고 있는 것은 필연적인 것이다

용감한 장수 아래 약병이 없으며
지휘관은 국가의 수레바퀴와 같이
막중한 책임을 맡고 있는 장수들이요

수레바퀴가 용의주도(用意周到)하면
그 나라는 강해지고
수레바퀴가 흠이 생기면
그 나라는 약해지는 법

나라의 국운은
오로지 지휘관의 두 어깨에 달려 있다는
춘추전국시대 손무(孫武)의 명언은
곧 현대 지도자들에게 주는 좋은 교훈이 아닐까

장롱 속 사진첩

배곯고 못살던 그 시절
지질하게 가난하여
대학 시절 소설책 한 권 구입할 돈이 없고
당구장, 테니스장 다닐 돈이 없어
바둑이나 운동에만 재미를 붙이고 다녔다

시커먼 군복 옷을 물들여 입고
교과서 몇 권을 옆구리에 끼고
여학생 꽁무니 따라다니면서
버스요금이 없을 때는
여 차장에게 오 원짜리 눈깔사탕으로
애교를 떨기도 했던 그 시절

대학 생활 한번 멋지게 하자
그러기 위해선 베트남전쟁에 지원하자
까짓것 죽으면 어때
굵고 짧게 살자

장롱 속 사진첩을 들추면서
얼룩무늬 군복에 M-16 소총을 차고
정글을 누볐던 베트남전쟁을 회상해 본다

이젠 남은 건 캐논 카메라 한 점과
빛바랜 사진들뿐
장롱 속 사진첩에 담긴 피와 땀을
어찌 값으로 매길 것인가

금강산

칠흑 같은 어둠이 깔려 있다
밤하늘엔 별들이 총총히 불을 밝히면서
금강산의 풍성한 신록이 서서히
모습을 드러내기 시작한다

들판에 아낙들이 개울에서 빨래를 하고
밭에선 호미로 풀을 매고
애들은 그 옆에는 염소 풀을 먹이고 있다

반세기가 흘러간 지금
같은 시대, 같은 공간에서
살아가는 같은 민족이거늘
우린 왜 이렇게 달라져 있는 걸까

산길로 접어든다
적송이 하늘을 향해 솟구치듯 뻗어 있다
바위틈 소나무들은 웅장한 기상을 뽐내고 있다
개울물 한 사발을 마신다
이제 몸 안의 수분은 금강산 물로 바뀌기 시작한다

신비한 돌 모양 산마루 겹겹이
모란, 양지, 금수, 만경, 옥류 다리 거쳐

구룡폭포 도착하니
상팔담 주름을 담은 비단옷
무늬를 심은 듯
금강산 품에 안겨 신나게 걷는다

'백문이불여일견(百聞而不如一見)' 이라고
심장과 맥박은 온통 금강산 정기로 가득 채웠건만
고향 두고 떠나는 나그네처럼 왠지 씁쓸한 마음뿐이네
빨리 통일이 되었으면…

아내의 마스코트

키도 작고
몸도 왜소하고
얼굴도 까맣고

옷맵시도 촌놈 같은데다
말솜씨 또한 신통치 않으니
어느 여자가 눈길을 주겠는가?

아내는 달랐다
나의 침묵을 깨뜨렸고
나의 본때가 없는 말을
재미있게 들어도 주었다

비록 키는 작지만 야무지다
촌스럽지만 키우면 된다는 생각으로
양복, 와이셔츠, 넥타이, 구두 등을
사 입혀 보면서 나를 만들기 시작했다
그 덕에 나는 점점 세련되어지기(?) 시작했다

아내가 있기에
얼굴의 상이 바뀌기 시작했다
몸도 불어나고

얼굴도 윤기가 났고
멋없던 말솜씨도 점차 세련되어 가면서
균형이 잡히기 시작했다

얼굴은 유전적으로 타고나기도 하지만
살아가는 도중에
자신의 이미지대로 변해 가는가 보다

나는 아내로부터
아내의 취향에 맞는
남자로 만들어져 간
마스코트이다

머리가 차가운 사람

성실하기만 하면
남보다 잘살 수 있는 시대가 가고 있다
가슴이 따뜻한 사람들이
좋은 인재들로 인정받아온 시대가 가고 있다

세상 사람들이 성실하게 열심히 일한다고
감격해 하며 부자로 만들어 주지는 않는다
성실은 기본이고
거기에 능력이 있어야만 인정을 받을 수 있는 시대가 왔다

철저하게 모난 사람
전부 내가 했다고 주장하는 사람
권리는 반드시 찾아 먹는 사람
출세 욕망을 숨기지 않는 사람

이런 '머리가 차가운 사람들' 이
새로운 인재로 떠오르고 있다
평범한 열 명보다
튀는 한 명이 더 중요하다

오늘날 무한경쟁 시대를 맞아
'따뜻함' 보다는 '냉정함' 을 선택하고 있는
시대가 도래하고 있다

변화

하늘을 향해 날아오를 수 있지 않을까
내년에는 좀 나아지겠지
막연한 기대감으로
다람쥐 쳇바퀴 도는 식의 세월을 보내고

학벌도, 돈도, 능력도 없으므로
평범하게 살래야 살 수도 없다라고
지금의 봉급으로는 평생 남들처럼
못 살 것이라고 체념하기도 하고

지금 상황이 이러저러하니
5년 후, 10년 후에도 희망이 없다라고
미래의 상황을 현재의 처지에 비추어
미리 계산을 해 버리기도 한다

사람의 몸값은 하루를
어떻게 보람되게 보내느냐에 의해 좌우된다
실패하는 사람은 새벽을 기다리고만 있다가
언제 지나갔는지 모르게 새벽을 보내고 말며
성공하는 자는 새벽을 깨뜨리면서 새벽의 정체를 파악하고
이를 승기로 삼아 자기성장의 밑거름으로 만들어
뜻한 바를 기필코 이룬다

사람의 몸값(Value)은
자신이 투자한 땀과 노력의 부산물이요
소산물이다
거울에 비친 내 모습이
어제 본 내 모습과 조금도 변함이 없다면
어제 하루를 헛 살았다고 느껴야 한다
우리에게 달려오는 삶의 변화는 아직도 모른다

지금 당장 현재의 나 자신을 바꾸도록 해야 한다

자!
이제부터!
지금 당장!
가장 사소한 것부터
하나하나 변신해 나가자
내가 먼저 변하면 조직이 변하고
조직이 변하면 회사가 변하고
회사가 변하면 국가가 변한다

바람의 실체

마음이 흔들려
무엇인가 붙들고 싶을 때
허전한 마음
달랠 길 없을 때
찾아오는 유혹의 바람

바람은 미풍, 약풍, 강풍
광풍, 태풍을 몰고 다닌다

방향 따라 북풍, 동남풍
편서풍이 분다

바람의 방향은
고기압에서 저기압으로
산과 바다, 낮과 밤의 방향이 바뀐다

선거철만 되면
몰려오는 정치바람
그 바람의 실체는
어디일까

부부간의 맞바람은
집안을 풍비박산으로 몰고 가지만

정치바람의 맞바람은
남녀 간의 바람 같은 설렘을 주며
바람을 변질시켜 주네

Man Magnetic Power

우리는 일상생활에서
언제나
생각하고
표현하고
행동하고
말을 하면서
살고 있다

그 상대는 사람이다

사람은 누구나
결점이 있게 마련이다
바로
그 결점 때문에
그런 사람을 좋아한다

완전한 사람보다
허점과 구멍이 뚫려 있는 듯한
사람이
사람을 끄는 힘이 있다

제4부

삶

영원한 인기는 아내에게

젊음은 한때이다
즐거움도 인기도 한때이다
영원한 인기는 아내에게 있다

얼굴이 잘생기고 못생기고,
돈이 있고 없음이 하늘의 뜻이거늘
어찌 인력으로 바꾸겠는가

반은 태어날 때부터 얻어지고,
반은 살아가면서 얻어지는 것이거늘,
재미있고 없음도 아내와 함께 있는 것

그대 내 사랑 되어 내 인생 모두 걸고
그대와 함께 살아왔건만
그대가 내 곁에 있기에 얼마나 행복했는가

삶

흘러간 세월이여
이제 다시 못 올까
서산에 기우는 해
잡을 수가 없구나

우리에겐
어제와 오늘
그리고 내일이 있지만

우리는 항상
오늘 속에 존재하고 있네

우리는
오늘 속에서
어제의 나를 있게 했고
내일의 나를 있게 하는구나

우리가
오늘 속에서
어제와 내일을 만들 듯

삶의 길은 항상
현실 속에 있구나
오늘이 흘러 흘러
오늘이 왔건만

기나긴 세월 흐름
이제와 생각하니
꿈인 듯하네

삶이란 달리는 기차와 같습니다

삶이란 달리는 기차와 같다고 늘 생각했습니다
목적지를 향해 끝없이 달리는 기차처럼
나도 당신도 끝을 알 수 없는 종착역을 향해서 달리고 있으니 말입니다
삶이란 살아가는 이유라고 늘 생각했습니다
살아가는 이유를 잃어버린 나는 죽어가고 있는 거나
마찬가지라고 생각했으니깐 말입니다

삶이란, 나도 당신도 같이 소유하고 있기 때문입니다

'러브레터' 시집의 한 구절입니다
우리는 살아가는 동안
머리 위에 얹혀질 월계관 하나를 얻기 위해
잠시도 쉬지 않고 달리고 있습니다

인생은 두 번 살 수 없고
인생은 연습이 없으며 진지한 시합이요
일회전으로 끝나는 엄숙한 경기입니다

유일명(唯一命), 유일생(唯一生)
인간은 오직 하나밖에 없는 목숨을 가지고
오직 한 번뿐인 인생을 삽니다

내가 남의 인생을 살 수 없고
남이 나의 인생을 살아 줄 수도 없습니다

나의 판단, 나의 선택, 나의 의지, 나의 힘으로
내 인생을 내가 살고
그 결과에 대하여 스스로 책임을 져야 합니다

'러브레터' 시집의 한 구절처럼
삶이란 우리 모두가 소유하고 있기에
종착역을 향하면서
아름다운 추억을 남기려 합니다

11년 11개월 11일

'GS(금성)' 여! 아듀…
1986년 8월 26일에 첫 직장을 그만두었다
1975년 7월 15일 입사를 하였으니까
11년 11개월 11일이 된다
5일만 더 근무하면 1개월 봉급을 더 받을 수 있지만
돈보다 '11년 11개월 11일' 이라는 숫자가 좋아
사직서 내는 날을 이날로 택했다
대학 졸업 후 사회의 첫걸음을 'GS' 호라는 배를 탔다
승선한 지도 어느덧 11년 11개월 11일의 세월
신입사원 때가 엊그저께 같은데…
강산이 한 번 변하고 벌써 두 바퀴째
젊음은 꿈을 먹고 살기에 미래에 펼쳐질
인생의 파노라마를 향해 앞만 보고 열심히 일에만 열중했다
하얀 와이셔츠에 넥타이 차림으로 이곳저곳 거래처를 열심히 누볐고
세계가 깜짝 놀란 한강의 기적을 낳은
조국근대화의 물결 한가운데에 서 있었다
회사는 해를 거듭할수록 고속성장을 하여 갔고
조직은 덩치가 커지기 시작했다
사람도 평소 건강관리를 게을리하면 몸이 비대해

지기 마련이거늘

회사는 서서히 성인병에 걸리기 시작했다

조직내부는 피가 엉기기 시작했고

아부파가 많이 생겨나기 시작했다

오로지 자기출세만을 위한 행동거지들

회사는 겉과 속이 다른 모습으로 변질되어 가고 있었다

경영자의 눈치만 살피고, 경영자는 눈과 귀가 멀기 시작했다

대기업 병이 생겨났다

점차 회사에 대한 애사심을 잃어가고 있었다

더 늦기 전에 결단을 내리자

결국 11년 11개월 11일 만에 'GS' 호라는 대기업에서 하선을 했다

어찌 보면 너무나 긴 세월인 것 같지만 젊음을 불태웠던 그 시절

장가도 갔고, 애들도 생겨 낳고,

인생에 가장 황금 같은 2030시대를 보냈지 않았는가

다시는 돌아올 수 없는 그 시절을 11년 11개월 11일이라는 숫자를

하나하나 헤아려 가며 영원히 기억하고 싶다

돈

돈은 현대인의 화두이다
지구상에서 쓰이는 단 하나의 공통어는 바로 '돈' 이다
사람들은 대부분 돈의 노예가 되어가고 있다고나 할까

돈은 인간을 교만하게 만들고, 이기적으로 만들고
냉혹하게 만들기 쉽다
또한 돈은 인간을 타락케 하고 양심을 마비시키기 쉽다
돈처럼 귀한 것이 없지만 돈처럼 마물도 없다

그래서 선비들은 탁부해지는 것보다 청빈하기를 원한다
그러나 현대인은 청빈보다도 탁부를 원한다
돈은 우리의 생활을 윤택하게 하고,
편리와 안락과 쾌적함을 제공한다

이처럼 돈이 없으면 사람은
사람답게 살아 갈 수가 없는 세상이 되어가고 있다

편안한 집, 맛있는 음식, 멋있는 옷
돈이 없으면 남들에게 베풀 수도 없고 가족들은 사나워지고
친구도 멀어지고 마음도 비굴해진다

돈이 있어야 사람답게 살 수 있다는 우리의 삶 속에

돈이 빠질 수 없는 하나의 결과를 만들어가고 있다
그것을 통해 그 사람의 신분고하를 가늠하기도 하고
돈의 위력은 대단하여서 사람의 발목을 잡기도 하고
사람의 마음을 속속들이 드러내 보이게도 한다

그래서 돈이 누구의 손에 들어가느냐에 따라
사람의 운명이 달라지기도 한다
이렇듯 돈은 우리들 삶의 기준이 되고만 것 같다

그러나 돈으로 행복을 살 수는 없다
행복의 비결은 필요한 것을
얼마나 갖고 있는가가 아니라
불필요한 것에서 얼마나 자유로워져 있는가 하는 것이다
행복은 곧 내 안에 있기 때문이다

세상 밖으로

갈라진 틈 속으로
자꾸자꾸 밀어 넣어
바위짬에서 오도 가도 못하는
겁먹은 암벽 등반자

손과 발을 마음대로 움직일 수 있는
바위 바깥 쪽으로 나와야
바위를 기어오를 수 있지 않는가

너무 습관적이고 통상적인 일은 관념 속에 사로잡혀
나를 잃어버리는 수도 있다
직진으로 뚫린 고속도로를 10㎞쯤 질주하면 머리가 멍해져
초점이 흐려지고 주의력이 떨어진다

커브가 많으면 사고를 예방할 수 있듯
인간의 삶도 이처럼 모험을 안고 살아야 되지 않을까
운명은 스스로 주어진다고들 하지만
반(半)은 만들어져 가는 것을

우물 안 개구리 신세를 벗어나 과감히 세상 밖으로 나오라

나를 파괴시켜라

한 마을에 물을 날라다 주는 사람을 구했다
한 사람은 '에드' 이고 다른 한 사람은 '빌' 이었다

에드라는 사람은 양동이로 1마일이나 떨어진 호수에서
아침부터 저녁까지 열심히 물을 날라 물탱크에 물을 채웠다

반면에 빌이라는 사람은 호수와 마을 사이에
물 공급 송수관시스템을 만들어 그가 일을 하건, 안 하건 간에
언제나 양동이의 물을 가득 채우게 만들었다

그 후 빌은 오랫동안 행복하게 살았고
에드는 평생 일만 하면서 경제적으로 어려움을 겪어야만 했다

이처럼 우리도 5년 후에는 어디에 있고 싶은지?
스스로 생각해 보아야 할 때가 아닌가 싶다

부자들과 가난한 사람들의 차이가 있다면
그것은 퇴근 후에 여유시간으로

무엇을 하는가에 따라 좌우될 수도 있다

현재의 나를 파괴시키는 것은
오로지 우리 자신뿐이다

작은 키

첫 미팅
'H' 여대생과 카페에서
추첨을 통해 짝지어 앉았다

파트너는 웬 놈의 키가 그리 큰지
슈퍼모델 정도는 될 것 같다
언제나 작은 키 때문에
늘 쫄려서 살아왔건만

요놈의 키 때문에 또 한번 기(氣)를 꺾어 놓아 버리다니
거기에다가 밤색 모자에 미니스커트를 입은 모습에
완전 압도를 당해 버렸다

노래도 가수처럼 잘 불렀다
노래가 끝나자마자
"마이 파트너(My partner)"라며
나를 가리키며 지명했다
정말 사각 링 위에서
한 방 얻어맞아 빙글빙글 도는 기분이다

끝날 무렵
영화 관람권과 식사를 할 수 있는
행운의 상품권을 받았으나 여자 파트너는
"참 재미없다" 하며
상품권을 가지고 휑 하니 도망쳐 버린다

그때는 왠지 여자 앞에만 서면
왜 그렇게도 작아졌는지 모르겠다
아마 '지금의 마누라를 만나라' 는
하늘의 뜻이었을까

청춘이란

청춘이란 인생의 한 시기를 말하는 것이 아닙니다!
마음가짐을 말합니다!

청춘은 장밋빛 뺨도
빨간 입술도 아닙니다!

관절이 나긋나긋한 무릎도 아니고
오로지
청춘은 의지와 상상력이며
활력이 넘치는 감성입니다!

나이만 먹는다고 늙는 것이 아니며
이상을 버릴 때 우리는 늙는 것입니다!
나이는 단지 피부에 주름살을 만드는 것뿐입니다!

그러나
열정이 식으면 정신에 주름살을 만듭니다!
걱정과 두려움과 자기 불신은 용기를 잃어버리게 하고
또한 우리의 정신을 죽입니다!

80살이든 16살이든
사람의 가슴속에는 경이로움에 끌리는 마음이 있습니다!

미지의 것에 대한 꺼지지 않는 호기심
삶이란 게임에서 느끼는 기쁨처럼
내 가슴속에 아름다움, 희망, 환호, 용기, 힘의 메시지가 있는 한
100세라도 우리는 젊은 청춘으로 죽을 수 있습니다!

나이는 숫자에 불과하다는 말
'나는 아직도 청춘이다!' 라는 마음가짐
청춘이란 안이함을 떨쳐버리고
모험에 나서는 용기가 필요합니다!

밤송이

세월에 타버린
붉은 밤껍질을
한 올 한 올
조심스레 벗긴다

겨우겨우
새색시 속살처럼
드러나는 잘 익은 밤송이

차례상 준비하느라 바쁜
아내 손을 힐끗
한번 쳐다보니

처음 잡아본
아내의 솜결 같은 손
금세 터질 것만 같은 살결에
숨결이 벌떡 벌떡거렸지

거칠어진 손마디
모질고 모진 세상살이
세월을 말해준다

젊고 젊디젊은 날
아내의 희디흰 손이
하아얀 밤알에 비하랴

수명

사람이든 기업이든
언젠가 수명이라는 것이
있지 않은가

단지
그 시기가
언제이냐가 아니던가?

건강관리를 잘하여
장수하는 사람이 있는가 하면
소홀이 하여
단명하는 사람도 있다

결국
죽음은 현실로 다가오고 있고
수명을 다한 그들은
새 생명을 잉태하고
우리 곁을 떠나가지 않은가

신용

신용이란 무엇인가
믿을 수 있는 것이요
거짓말을 하지 않는 것이요
언행이 일치하는 것이요
약속을 지키는 것이요
말에 대해서 책임을 지는 것이요
정직한 것이지 않은가

신(信) 자의 구조를 보자
사람 인(人) 변에 말씀 언(言) 자를 쓴다
사람의 말은 모름지기 믿을 수 있어야 한다는 것이지 않은가

장인 정신

기업에서 제품을 만든다는 것은
곧 예술품을 만드는 것이다
사람들은 저마다 장인 정신을 가지고
자기가 하는 일에 있어서 명인이 되고,
프로가 되어
타의 추종을 불허하는 제일인자가 되려고 한다
내가 만드는 제품이 세계 최고의 명품이 되려면
각자가 맡은 일에 심혈을 기울이고
혼을 쏟아야만 한다
주어진 일을 천직으로 알고,
사명감을 가지고,
또한 자기가 하는 일에 열과 성을 다하는
장인 정신이야말로 일등으로 가는 길이다
기업이란 돈(자본)과 사람(노동)이 합쳐서
생산품을 만드는 것이며,
그 결과물(output)의 생산품은 일등 상품이어야만이 살아남는다
제품이란 사람이 만드는 것,

하나의 일등 상품을 만들어 내는 것은 그냥 이루어지는 것이 아니다
이 모든 것 또한 사람이 하는 것이다

조직 구성원도 사람이요,
조직을 움직이는 것도 사람이다
사람이 사람을 다스린다는 것은 무척 힘든 일이지만
결국 장인 정신이야말로
기업이 일등 상품을 만들어 낼 수 있는 지름길이 아닐까

언제나 달동네만 머문 바람

번호만 있던 무허가 주택
거들떠보지도 않던 소외 지대
갑자기 뭇 아줌마들이
막차를 타고 온다

오늘 아침은 얼마
오후는
내일은 얼마
기가 찰 정도로 집값이 벌렁댄다

눈치 보고 지은 주춧돌 없던 집들이
어느 날
대들보에 힘을 잔뜩 주고
기세가 등등하다

하지만
그들은 본디
가난한 마음의 소유자인지라
멀쩡한 아파트 곁을 맴돌기만 할 뿐
또다시 달뜨는 곳으로 찾아든다

그들은 항상
가난한 부자
그래서 바람은 지금
우뚝 선 아파트를 한숨짓고 스치며
자꾸만 가난한 부자들을
만나고 있는지 모른다

언제 잘릴지 모르는 직장 생활

언제 짤릴지 모르는 직장 생활
'평생직장' 은 더 이상 지켜지지 않는 먼 추억이 되어버렸다
가족의 하루 밥그릇이 달려 있는 직장에서 행여나 잘리지나 않을까
불안한 직장 생활

이런 세월 속에 어떻게 살아가면 좋을까
무의도식으로 허송세월을 보낸다면
먼 훗날 후회와 허무감에 빠질 수도 있는데…

그래!
좋은 감투는 마구 굴러 들어오지 않지 않는가
사람은 자기가 심은 것은 반드시 거두고
뿌린 것은 반드시 추수하거늘

노력하지 않고, 공부하지 않고, 실력을 갖추지 않고
어떻게 큰일을 이룰 수 있는가
앞으로 다가올 미래를 대비해
쉬지 않고 목표를 향해 한 발짝씩 전진하자

제5부

일송정(一松亭)

해녀

검은 삼베 속옷
남이 볼까 얼른 옷 갈아입고
두렁박 바다에 둥둥 띄워
얕은 데서 깊은 곳으로…

'휴우~'
'휴우~'
물속 깊이 오르락내리락

전복, 양장구, 성게, 군시, 우뭇가사리…
망사리에 가득 채우고
뭍으로 나온다

장작불에 오그라든 몸 녹이며
당신의 버거운 삶
애기야! 어멍 맘 암시냐? 잉!

일송정(一松亭)

나의 가슴에는 아름다운 한 폭의 그림이 있습니다
어릴 적 내가 살던 시골 풍경이지요

마을 앞 죽도 어귀
바위틈 사이 해송(海松)들은 해금강을 자랑하죠
검푸른 바다 위 노 젓는 어부들
어쩌다 해맑은 날씨엔 저 멀리 수평선 끝에
대마도가 한 폭의 그림자처럼 나타납니다

새벽녘
수평선에 용광로처럼 붉게 타오르는 해님
순식간 열정의 덩어리로 변해 온통 세상을 밝혀 주지요
망득봉 아래 작은 불에는 티 없이 맑은 모래 백사장이
한없이 길게 큰불로 이어져 있어요
에메랄드 빛의 물이 흐르는 강가에는 구멍 뚫린
난간 없는 콰이강의 다리가 백여 미터쯤 걸쳐 있고요

그 아래
바다와 강이 만나는 곳 하구언(河口彦)엔
밀물과 썰물로 인해 모래 둑이 생겨나지요
한순간 강은 호수로 변해 버린답니다
때를 놓칠세라 강태공들은 꼬시라기 낚시를 즐기지요

비가 올 때면 하구언에 숨구멍을 터 준답니다
물줄기는 순식간에 힘차게 힘차게 바다로 흘러가지요

햇볕이 내리쬐는 여름날엔
자갈밭 어귀에서 물속 깊은 곳에서 더위를 식히지요
방게도 잡고 고동도 줍고 앙장구도 캐지요
귀에 물을 뺀다고 땡볕에 달구어진 차돌멩이를 귀에 대기도 하고
놀다가 지치면 양지바른 바위틈에서 낮잠을 자기도 하죠
죽도 동단 기암 위에 고송이 우뚝 솟아 절경을 이루니
이를 일송정이라 불렀답니다

이렇게 가슴에 아름다운 풍경을 담고 산다는 것은
정말 행복한 것이랍니다
문명의 삽질로 잃어버린 나의 어릴 적 시골 풍경이지만
힘들고 어려울 때면 그 시절 그 풍경을 떠올린답니다

동해남부선

송정, 기장, 일광, 좌천, 월내…
오륙도, 동백섬, 해운대 달맞이고개…
동해남부선은 바다를 끼고
계속해서 돌고 돈다

사방팔방 도로가 생겨나고
승용차들이 길거리를 꽉 메우고
버스도 수없이 생겨났어도
예나 지금이나 그대로 돌고 돈다

오로지 달라진 건
가난했던 그 시절
우리들 삶의 수단이었던
열차 속의 아우성이 없을 뿐이다

간혹 기차가 지나가는 모습을 보면
덩그마니 객차 서너 칸 정도만
연결하고 달리고 있는 모습이
왠지 외로워 보인다
꼭 주인 잃은 철마처럼

외팔이 동해남부선은
점점 승객을 잃어 가고 있다
그렇게도 당당하고 위세를 떨쳤는데…
산업화 물결 앞에
숨을 죽이고 있는 듯하다

그 옛날 맹위를 떨쳤던 기세
다시 한번 되새겨 보고 싶다
동해남부선이여!
비록 주인 잃은 외팔이 단선일 망정
문명의 개발 앞에도 오래도록 기억할 수 있도록
남아만 있어다오

아버님 계신 그곳에

아버님
그 나라로 가시면서
그 다방에 들렀나요?

진한 커피맛 내는
미스 김 엉덩이에
입맞춤 한번 해 주셨나요?

일제시대 강제징집
6 · 25 왜관전투
어두운 그 시대에 외롭게
살다 가신 아버님

그 친구 만나러
저승 앞 주막집에 들렀나요?
친구 외상값은 갚아 주었고요?

3년 후 어머님도 뒤따라가셨는데
가슴 맺힌 한
보듬고 어루만져 주셨나요?
그곳에서도
어부 일, 해녀 일을 하고 있나요?

삶의 흔적 양지바른 산소엔
세월 흘러도
이승에 못다 한 효도
이어 가고 있습니다

동경

초원에서 빛나는 저 별들은 아름답다고 하지
물결치는 해변에서 젊음의 낭만과 황홀하기만 했던 서로의 감정들
모래 위에 펼쳐진 너와 나의 대견스러운 나날들
둘이가 누웠다 단지 그 무엇의 어떠한 것을 가질려고
몸부림치며 이 현실을 탈피하고픈 욕망뿐이었지

부딪쳐 부서지는 바닷물
물거품을 일며 수많은 사연들을 갖고 왔다
말없이 떠나버린 너와 나의 추억들
장안사, 안적사, 제주도, 낙원장 르네상스
죽으라고 퍼먹고 분통을 깨뜨리며 울부짖던 지난날들…

떨어지는 낙엽 황혼에 물든 저녁 한때
언덕을 넘어
우거진 초원을 마음껏 달려가고픈 심정
정말 지난날이 그립다
지금은 모두 다 흘러버린 옛일들

가을밤이 자꾸 깊어만 간다
언제까지나 서로의 마음만은 항상 둘을 떠나지 않건만
운명과 숙명의 세월 속에 어쩔 수 없이 헤어져야만 했던 너와 나의 몸부림
꼭 만나야 하는 사람들인데…
당장 달려가 백 년 동안 벙어리가 탁 트인 목소리로 눈을 부릅뜨고 말을 하고 싶은데…

낙엽이 떨어졌다
바위 밑 구석진 자리로 굴러갔네
참 귀엽고도 가엽다
얼마나 외로운 낙엽일까
꼭 나처럼 말이다

어디론가 멀리 떠나고 싶은 심정
아득한 오솔길 넘어 또 산 넘어
솔잎 쌓인 숲속 길을 한없이 걷고 싶어
정말 외롭다
언제 또다시 만나 밤이 새도록 이야기를 해보나

동창생

아침 기운이 제법 싸늘해지기 시작하는 늦가을
자그마치 사십 년이나 흐른 뒤에야
이루어진 초등학교 동창 모임

중늙은이가 되어서야 만났지만
그래도 마음 설레는 속내는
아무도 숨기지 못하는 반가운 자리다
반백에다 주름이 패인 얼굴은
그동안 삶의 색깔을 나타내는 것일까

그 옛날 모습들을 더듬으며
한 사람 한 사람 기억을 끄집어낸다
얼굴 생김새며 노는 행동거지는
아무리 세월이 변해도 천성은 변하지 않는가 보다

처음엔 "아이고! 정말 오랜만이요"라고
존댓말을 쓰다가 이내
"이 가시나야! 우리 친구아이가! 술 한 잔 따라 도오"
"문디 머시마야! 인자 그런 말, 들을 나이도 지났다아이가!"
하며 서먹하고 어색하던 분위기는

한바탕 폭소에 휩쓸려 날아가 버리고
어느새 장년의 '머시마, 가시나' 로 돌아서서
사금파리 같은 추억담을 조각조각 주워 담기 시작한다

이제 어느 한 곳 옛것은 없다
오로지 변하지 않는 것은 우리들의 우정이다
사십여 년이 지난 지금도 우린 초등학생이다
창가에 비추어진 바닷가를 바라보며
한 모금씩 마시는 커피 향은 세월을 녹아내리는 것 같다
분주한 입놀림으로 끝없는 이야기의 실타래를 푸느라 시간 가는 줄 모른다
얼굴엔 주름살이 헤아릴 수 없이 생겨났지만
시곗바늘은 옛날로 되돌릴 수는 없는 것
우린 우리만이 가지고 있는 어린 시절 꿈같은 옛이야기꽃을 안고
어느 종착역을 향해 가고 있는 것일까

어릴 적 우리 집

툇마루 밑에 제비 집
초가지붕 볏짐 속엔 참새 집
앞뜰 입구엔 코스모스꽃, 백합꽃, 봉숭아꽃들
학교 갔다 돌아올 때면 똥개가 반갑다고 꼬리를 흔든다

꽤 깊은 우물가 장독대
그 옆엔 감나무 한 그루가 그늘을 선사하고
오른쪽 담장 대나무 숲
대문간 돌기둥 담벼락엔 뒷간이 붙어 있고
그 옆엔 돼지우리와 소 외양간이 자리하고
마루 모퉁이엔 요강이 놓여 있다

연탄도 전깃불도 없었던 시절
가마솥
부엌 아궁이 속으로 스며드는 불꽃은 황토로 된 온돌방을
뜨겁게 달구고는 뒤뜰에 있는 굴뚝으로 연기를 내뿜는다

이따금 땔감을 구하러 산으로 간다
남정네는 낫과 도끼와 곡괭이를 들고

이 산 저 산을 휘젓고 다니다
자루에 썩둥구리 가득 담고 새끼줄로 꽁꽁 묶어
양쪽 어깨에 메고 내려오고
여편네는 소나무 솔잎을 갈쿠리로 모아
갈비짝 만들어 머리에 이고 내려온다

부엌에는 도끼질로 썩둥구리와 장작나무를 가지런히 쌓아놓고
그 옆에 갈비짝을 쌓는다
넉넉히 쌓인 장작을 보노라면 홀쭉해진 배까지 불러오는 느낌이다

그 옛날 정겨웠던 풍경
어느 것 하나 옛것을 찾아볼 수가 없다
이제 아늑한 옛이야기로 묻혀버린 어릴 적 우리 집

6 · 25 왜관전투

무언가 심상치 않다
저쪽 산등성이에서
중공군이 까맣게 떼를 지어 오고 있다

모두들 숨죽이고
벙커 속에 있다
세 살 된 아들 모습이 문득 떠오른다

순간적이다
그들이 지나가고 얼마의 시간이 흘렀을까
두 발의 총알이 오른쪽 허벅지와 발꿈치에 맞았다

피로 범벅된 채 겨우 비스듬히 앉아
더는 움직일 수 없다
통증이 밀려오기 시작한다

정신은 말똥말똥하다
주위를 살펴보니
모두가 죽어 있고
살아 있는 몇몇도 총상으로 움직일 수 없다

턱이 떨어져 나간 사람
팔과 다리가 나간 사람 등등…
차마 눈 뜨고 볼 수 없는 비참한 형상이다
바로 전날만 해도 멀쩡했던 전우들인데

나는 항해사가 되고 싶었다

대서양, 태평양을 누비며
전 세계 곳곳을 찾아다니는 항해사
파이프 입에 물고
유니폼에 띠 두른 모자를 쓴 모습
이런 마도로스가 되는 것이 나의 꿈이었다

비록 항해사의 꿈은 이루지 못했지만
꿩 대신 닭이라고
나는 항해사 대신 전자 공학도가 되었다

로버트 프로스트의 '가지 않은 길' 에서처럼
노랗게 물든 숲속 두 갈래 길에서
다시 돌아오기 어려운 길을 택해
운명을 바꾸어 놓듯

나는 항해사가 되고 싶었는데
다른 곳에
내 삶을 모두 소모해 버렸고
이로 인해
많은 것이 달라졌다

비록 성공적인 인생을 살았다고 한들
목이 말라 물을 마시길 원했는데
우유를 마셨다면
아무리 우유가 좋고 맛있는 것이라도
결코 우유에 만족하지 못하는 것처럼
어딘가 씁쓸한 여운이 남는 나의 삶이었다

안케패스 전투

벙커 속에
도마뱀이 기어 다니고
모기도 윙! 윙!
한밤 대포 소리
자장가 삼아

한 발, 두 발, 세 발… 150발
638고지에서 베트콩이 전쟁을 벌였네

안케패스 전투…
완전 무장한 전투병의 행군
도살장에 끌려가는 듯

"야! 너 이 새끼!"
"말 안 들으면 총살이야!"
"도라무깡이나 모래주머니로 해서 전진하란 말이야!"
욕설이 오가는 긴박한 상황

"연대장! 거기서 똘똘한 놈을 골라 특공대 조직해!"
"다소 희생이 있더라도 과감히 밀고 나가게!"
시시때때 명령과 보고 소리

드디어
“소대장 ‘이무표’, 분대장 ‘○○○’……”
“이상! 특공대원, 새벽 6시 정상 탈환 보고 끝!”

나뭇잎 새벽이슬 털어 마시고
오줌 물 커피에 타서 마시면서 진격했건만
판초우의 똘똘 말은 시체 오백여 구

사령관 명령 한마디에
얼마나 많은 병사가 희생되었던가…

초가지붕

모심기를 할 철이면 못줄 따라 벼를 심는다
사람들은 일제히 가락소리 내며 한 명이 선창하면
나머지 분들은 후렴을 한다
야외에서 펼치는 자연의 오케스트라 합주곡이다

들녘 저편 '오라이! 워~워' 하며 소를 메는 농부들
철길 아래 개울에는 빨래하는 동네 아낙네들
고랑에는 염소 먹잇감인 풀을 먹이려고 염소를 몰고 다니는 아이들
소쿠리로 붕어와 미꾸라지를 잡고 있다

새참 시간이 되면, 거머리 붙은 다리통에
밥 한 그릇 무우채에 고추장 비벼
막걸리 한 사발로 끼니를 떼운다

이윽고, 결실의 추수철이 다가온다
이 때쯤이면 어디에서 왔는지
메뚜기들이 기승을 부리며 춤을 춘다

낫으로 나락을 벤다
한 움큼씩 다발로 묶어서는 볏단을 만든다
소를 몰아 수레나 지게에 담아 몇 번이고 나른다

볏단은 외양간 옆에 차곡차곡 쌓인다

떨어진 벼 낟 알갱이는 이삼 일 말려
가마니에 담아 방앗간으로 보내고 벼 껍질인 왕겨는
지푸라기를 삶은 소죽보다 소 먹잇감으로 최고이다

지푸라기로 새끼줄을 만들고
볏단을 한 움큼씩 동여매어 볏섬을 만들어
초가지붕을 새롭게 단장한다
새 옷을 갈아입은 초가지붕은 한 해 농사의 결실이지요

파도

바닷가 모래 위 발자국 남기면
허연 파도가 달려들어 지워버리고

또 한 걸음 발자국 남겨놓으면
더 큰 파도가 밀려와 덮쳐버린다

바람 자고
파도가 숨을 죽일 때
밤바다에 누워 몰래

몸 안에 쌓인
마음의 티끌이랑
잡다한 상념이랑
모래 더미에 파묻는다

바다는 알기나 한 듯
집채만 한 성난 파도가
밀려와 모래 더미를 삼켜버린다

억세게 때려놓고
달아나는 파도
여기 서 있는 그림자도 보기 싫은지
산산이 깨여 버리고 달아나구나

제6부

행복을 꿈꾸면서

직업

'직업은 인생의 등뼈와 같다' 라고
철학자 니체는 말했다

어느 직장
어느 직업을 선택하느냐에 따라
인생의 길이 갈라진다

일이란 생계를 유지하는
삶의 수단이기도 하지만
미래에 대한 약속이기도 하다

직장을 생활의 수단으로 여겨
돈을 많이 주는 곳이면
아무렇게나 취업을 하려 한다

자기의 적성에 맞는 직업이야말로
일의 능률을 올리고
삶의 보람과 생기를 찾아
행복할 수가 있다

행복을 꿈꾸면서

날이 가고
달이 가고
해가 가도록

고등학교 딱지만 떼면
대학만 졸업하면
직장을 구하면

행복해지겠지…

약혼만 하면
결혼만 하면
집만 사면
더 좋은 직장으로 옮기면

더 행복해지겠지…

아이들이 생기면
아이들이 학교에 가면
진짜 더 좋은 집으로 이사하면
아이들이 학교만 졸업하면
은퇴만 하면!

더 많은 미래의 행복을 꿈꾸면서…
행복을 찾아간다

그러나 끝내 현재의
행복을 보지 못한 채
세월만 낡았네

한 해의 결실을 맺으면서…

과실나무에서 가장 마지막에 남는 것은 열매요
마지막 보이는 것도 열매다
한겨울 동안 나무는 헐벗어 있다
그러다가 봄이 오면 움이 트고 꽃이 핀다

자연이 품어내는 꽃향기야말로 인간이
인위적으로 만들어 낸 향수에 비할 수 있으랴
신록의 계절이 오면 어느덧 꽃은 사라진다
그리고 무성한 잎이 자란다
잎은 우거지고 무성해져서 나무는 싱싱한 젊음을 뽐낸다

그러다가 가을이 오면
나뭇잎들은 노랗게 물들인 단풍이 되어 떨어지기 시작한다
움이 트고, 꽃이 피고, 나뭇잎이 무성이 자라고
사계절의 맨 마지막 기다림은 열매요
사계절을 마감하는 한 해의 결실인 것이다

열매도 없고, 나뭇잎도 없다
완전히 벌거벗은 모습으로 또 다른 내일을 위해 준비한다

아무것도 가진 것 없이 죽은 듯이 앙상한 가지만 남아 있다가
내일이면 또 새 생명을 잉태한다

우리 인간도
기쁨과 슬픔, 행복과 불행의 굴레에서 변화무쌍하게 성장하면서
내일도 또 다른 내일을 맞겠지…

신의와 욕심

인간은 한순간의 의미를 두며 이 땅에 왔다

하지만 어떠한 발자취를 남기고 가느냐에 따라 가치가 달라진다

아주 옛날 우리 인간에게 법이 어디 있었으며 벌칙이 어디 있었겠는가

그저 있는 것과 없는 것 나눠 가지며 소박한 삶의 행복을 지탱해 왔고 풍요롭지 못한 물질과 환경이었지만 공동체의 중요성을 소중하게 생각하며 마음을 나누었다

욕심은 자기를 망가뜨리고 모든 것을 잃게 한다는 것은 삶의 진리요 철학이다

법적인 논리를 따지기 전 옛 어른들은 '경우 있는 행동' 은 가장 소박한 기초적 법이라고 여겼다

'나' 가 아닌 '우리' 의 중요성을 인식하지 못한, 신의와 배려 등을 저버린 인간의 기본을 잃어버린 사람이 어떻게 존경받을 수 있고 주위의 많은 사람들이 믿고 따를 수가 있단 말인가

가장 기본적인 양심을 저버리고 주위의 많은 사람들에게 욕을 먹는 직장 상사나 리더는 오래 갈 수가 없다

그 사람의 인격과 인품의 평가는 어디 가나 똑같

기 때문이다
허풍과 위세와 허영에 들떠 본분을 망각한 채 순간의 기회만을 노리는 빛 좋은 개살구는 생명이 짧다

소영웅주의의 욕심에 사로잡혀 때론 '깜'이 되지 않는 사람이 자리에 앉아 있을 수 있으나, 그 자리는 순간적인 자리이며 한순간의 신의를 저버리고 욕심의 선택으로 처절한 부끄러움으로 모든 것을 잃어버린다는 사실을 명심하고 기억해야 한다
주위의 모든 것들을 잃어버리고 노후에 막걸리 잔 기울이며 인생을 논할 친구까지 잃어버리는 불쌍한 사람이 된다는 것을 모르는 사람이 어떻게 리더가 될 수 있을까

시대는 시대가 요구하는 일꾼이 있다
과거를 아쉬워 말고 내 현실 위치에 서서 욕심의 자리는 내 자리가 아닌 것을 인정하고 조용히 세월의 흐름을 읽는 존경받는 사람이 되는 게 가장 현명한 선택이다

인간에게 부와 명예는 떠나면 아무것도 아니다
그저 남기고 갈 수 있는 건 내가 이 세상을 떠났

을 때 자손들이 부끄럽지 않은 후손이 되고 나를 알았던 모든 이들에게 가슴으로 존경받는 이름 석 자뿐 그 무엇이 있겠는가

그러기 위해서는 인간의 가장 기본적인 양심의 기초 신의를 저버리지 말고 '나' 보다는 '우리' 를 위해 욕심을 내지 말아야 할 것이다

인연

그동안 숱한 사람들을 만나면서 살아왔다

수첩 속에서
흔적도 없이 사라진 이름도
숱하게 많다

만나고 헤어지는 인연은
지금도
계속 이어지고 있다

결국은 서로가
헤어질 수밖에 없는 인연이란
장미에 가시가 있는 것처럼
고통이 있게 마련이다

안녕!
그동안
너무나 아름다웠던 나날들이여!

새장 속에 갇힌 새

아름다운 소리를 내는 새에
농부가 탐이 나
자기만 들으려고 새장 속에 가두었다

새장 속에 갇힌 새
화가 났고
새벽 2시
새소리를 내어 농부에게 복수하기로…

그러나
새는 점점 몸이 왜소해져 가고
어느 날
너구리가 지나가다
가엾은 새에게 한마디 하는 말이

"너는 멍청이야!"
"이미 넌 새장 속에 갇혀 있어!"
"현실을 직시해야 돼!"
"새벽 2시 소리 내는 것은 너를 족쇄로 채우는 거야!"
"너는 오로지 갖고 있는 건 시간밖에 없어!"
"네 예쁜 소리로 네가 부르고 싶을 때 불러!"

새는 너구리 말에 감명받아
예쁜 소리를 부르고 싶을 때
소리 내기 시작했고 이윽고
사람들이 모여들기 시작했고
몸도 금세 회복이 되었다

수련회에서

갑자기 비가 쏟아진다
태풍의 영향권에 들은 모양이다
한 육백 년은 된 듯싶은 느티나무 아래
진돗개 한 마리가 반기고 있다

법당엔 비구니의 음성과 염불 소리가 들려오고
법의를 걸치고 명찰을 달은 일행들이 보인다
모두들 숨죽이고 있다
팔도에서 모인 관객들
어디에서 무엇으로 시간을 흘려 보냈는지
그들은 오늘의 주인공들이다

침묵과 고요함
거센 빗소리와 바람 소리,
법당 안엔 구름이 수시로 모이다 흩어지곤 한다
새벽 4시면 어김없이 대웅전에서 목탁 소리가 들려온다
탑 주위를 돌면서 잠든 삼라만상의 정적을 깨뜨린다

아무도 모르는 자신만의 공간에서 그들은 자아를 발견해 본다
살아가는 것은 스스로를 완성해 나가는 것이요,
산다는 것은 시간과의 동행이요,
순간 순간의 시간은 귀중한 것이다

하루를 살다 보면 금방 일 년이 흘러가고,
그러다 10년, 20년…이 흘렀다
행여 조연이나 엑스트라로 살아오지는 않았는지

사랑하는 아내 '○○○ 씨'에게

당신의 이름이 지워지고
'○○○'의 아내로
'○○, ○○'의 엄마로
우린 '○○이 엄마'라고
불러왔지
그 세월이 어느덧 주름살이 패이고
머리가 희끗희끗해 버린 중늙은이가 되었구려
살아온 길과 살아갈 길을 생각하면
우린 벌써 살아갈 길이 더 짧아진 것 같구려
당신 꼭 건강하고 오래오래 살아야 하오

이젠 보약도 먹고
하고 싶은 일 즐겁게 하면서 살아야 하오
그동안 우리 얼마나 고생했소!
애들도 우리 곁을 떠났고
남은 건 우리 둘뿐
화곡동에서 모든 짐 다 털어버리고
이곳에선 좋은 일들만 일어나고 있지 않소!
과거는 과거 속으로 묻어두고 우린 미래를 향해
더욱 열심히 보다 행복하고 풍요하게
살아가도록 내가 지켜주겠소
게임은 아직 끝나지 않았소!

지금부터 시작이라 생각하고
남은 인생 포기하지 않고
항상 열심히 살겠소!
그러기 위해선 건강이 최고이지요!
당신 부디 건강하게 자식에게 의지 말고
늙어서 고생하지 말고
스스로의 삶을 살아야 하오

모과나무

아침에 거실 창가에 서서
물끄러미 밖을 바라본다
심상찮게 웃어 보이는
모과나무

우리와 함께 지낸 세월 20년
애들이 자란 만큼
고목이 되어
주인 닮아 짜리몽땅 하네

해마다 열매를 맺어
차도 만들고
술도 담아 먹고
거실에 두기도 하고
차에 싣고 다니기도 하고
남에게 후하게 나누어 주기도 했건만

어느 해부터인가
해갈이인지 폐경인지
아무리 헤집고 보아도
한 개도 열리지 않았네

아무리
세상살이 힘겨워도
내 사랑 모과나무 바라보며
세월은 모과 향기 따라
저만치 비껴갔는데

이 계절이 너무 아름다워서

숙명이 아니어도
괜찮습니다

운명이 아니어도
괜찮습니다

나는 당신을 만났고
당신은 나를 만났습니다

파란 하늘을 보며 그리고픈
얼굴이면 됩니다

진한 커피 한 잔에
그리고픈 얼굴이면 됩니다

그래서
이 계절이
쓸쓸하지 않으면 됩니다

파란 하늘이 너무 곱다고
가을 햇살이 너무 아름답다고

내 가슴에 넘치는
그리움을 말할 수 있으면 됩니다

당신이 있어서
이 계절이 너무나 아름답다고
말할 수 있으면
나는 행복할 수 있습니다

옐로우 카드

모 호텔연회장에서
맥주 한 컵을 마시는 순간
머리가 '핑' 하니 돌면서 진땀이 났다

풀썩 주저앉고 싶고
사방이 뒤흔들리고 있다
'어~어~! 이렇게 하면 안 되는 거야
돌연사가 이런 걸까, 쓰러지면 죽는다' 하며
마음속으로 외치면서
정신을 가다듬으려고 필사적으로 나와 싸운다
정말 갑작스럽고 아찔한 순간이었다

식사를 그만두고
자리에서 간신히 일어나서 호흡을 가다듬고
직행버스를 타고 황급히 집으로 향한다
때마침 초겨울이라
차창 밖에 보이는 국도변 나무들은
겨울 잠자리에 드는 듯 벌써 벌거벗은 모습이다

별의별 생각이 다 떠오른다
어릴 때의 기억
학창 시절의 기억

군 생활
아내와 연애하던 시절
아이들 키우던 기억
힘겨운 사회 생활
그동안 나를 알고 스쳐 지나간 사람들…

이런 지난날의 기억들이
무성영화 속에서의 드라마처럼 조명되고 있다
아스팔트길에 질주해 가는 차들을 보면서
이번만큼 '죽음'이라는 것을 실감나게 생각해 본 적은 없다
누구나 한 번은 죽게 되어 있는 것이 인간이라면
인간은 태어날 때부터
죽음의 불치병을 갖고 생활하고 있는 것은 틀림없는 것이 아닌가?

기나긴 인생무대 위에서 앞만 보고 달리기만 하지 말고
좀 쉬어도 가라는 '옐로우 카드' 경고장인 것일까?

술

나는 술을 세상에서 가장 좋아한다
술이 있었기에 내가 있는 것이 아니냐 할 정도로
나에겐 절대적 친구다

애주가인지 폭주가인지 어느 쪽에 가까운지 나도 모른다
만약 술이 없었다면
이 삭막한 사회에 적응을 했을까
기쁠 때도 술 한 잔, 슬플 때도 술 한 잔
술이 가까이 있으면 나는 기분이 바뀐다

친구를 만날 때나 비즈니스를 할 때도 항상 술이 있기 마련이다
어쨌든 술은 신(神)이 만들어낸
이 세상에서 가장 멋진 걸작임엔 틀림없는 것 같다

마셨다 하면 밤을 세워가며 마신다
왜 이런 말이 있지 않은가
사람이 술을 마시고, 술이 술을 마시고, 술이 사람을 마신다

술은 스트레스를 푸는 작용을 하지만
스트레스를 누적시키는 작용을 하기도 하는데도…

술!
술이라
강산이 몇 번 변한 세월은
나의 주력(酒歷)을 말해주고 있다
그러다 보니 별의별 술좌석과, 술꾼들, 술버릇 등
숱한 진풍경을 많이 보고 겪어왔다

술자리에 관한 얘기라면 펼쳐놓은 레퍼토리가 엄청 많다
오늘도 서산에 해가 뉘엿뉘엿 기울이면 어딘지 입이 궁금해진다

아직도 나는 술을 즐겨 마신다
계속해서 마시고 싶다

순결한 정서와 상념으로 형상화한 존재의 심미적 통찰(洞察)

— 이항우 시집 『돌멩이 모래 되어』 서평

최 병 영 (시인, 문학평론가)

1. 질박한 의식과 진동의 숨결로 구현한 내면의식의 층위(層位)

시는 순수한 영혼의 결을 갉아내는 가슴앓이의 전율이다. 시인은 순결한 영혼의 결을 빗질하여 윤기 자르르한 한 올의 금빛 실올을 엮어내는 물레질의 장인(匠人)이다. 이를 위해 시인은 끊임없이 번민하고 갈등하고 사유하며 그만의 산파적 진통을 극복해간다. 문학작품의 존재이유는 감흥과 교훈의 두 측면에 있다. 그러기에 T.S. 엘리엇의 주장처럼 시인은 작품 속에서 정서와 사상을 등가로 침전시켜야 한다. 시 작품은 작가와 독자와의 거리를 연결 짓는 소통의 설계도이다. 보다 능동적이고 효율적인 소통을 위해서는 작품에 투영된 시인의 톤[語調]이 진정성에 가득 차 있어야 한다. 시는 사유의 총합이다. 시의 사유는 감정과 이상 사이에 존재하고, 시와 철학 사이에 존재하는 상관물이다. 이를 올바로 구현하기 위해서는 괴테의 지적처럼 시인들이 창작과정에서 잉크에 너무 많은 물을 타서 쓰면 안 된다. 시는 혈관의 따스한 피로 쓰는 형이상학적 창조물이기 때문이다.

시는 상상력의 자유로움과 진동의 언어로 구현하는 내면의식의 층위와 의미론적 순환으로 이루어진다. 자신을 해체하고 재조합하는 창조적 행위의 동기는 시적 상상력에 기인한다. 시작행위에 긴축미와 사유의 깊이, 예지가 화학적 융합을 보일 때 명시는 탄생한다. 대담성은 경이감에서 촉발되고, 긴축미는 농밀한 함축성과 탄탄한 텍스처(Texture)의 소산이다. 시를 쓰는 일은 끝없는 번민과 회의를 반복하는 일이다. 사라지는 것들을 지키기 위하여, 살아온 삶의 자취를 되새기고 담아내기 위하여 시인은 숱한 망설임을 극복하고 탈고한다. 내버릴 수 없는 감상의 편린들을 모아 작품으로 꾸리고 매만지고 정제하는 것은 숙연한 일이다.

시에 있어 가장 중요한 요소 중 하나는 시적화자의 진솔한 감정과 태도이다. 우리는 여기에서 그렇게 솔직하고 담백하며 숙연한 의식으로 펼쳐낸 시집의 탄생과 직면한다. 이항우 시인이 상재(上梓)한 시집 『돌멩이 모래 되어』가 바로 그것이다. 이항우 시인의 시집 『돌멩이 모래 되어』는 꾸밈없는 의식의 투명성과 작위적이지 않은 순박한 언어의 융합으로 빚어낸 순결한 영혼의 자아상(自我像)이다.

2. 편안하고 안정적인 시적 투시력에 의한 삶의 도전과 응전

이항우 시인의 시편들은 적이 편안하다. 독자들은 시적긴장이나 거부감 없이 편안하고 안정적인 정서로 이항우 시인의 시편들과 직면할 수 있다. 그것은 이항우 시인의 작품이 지닌 크나큰 매력의 소산이다. 독자들에게 거부감 없이 읽히는 이항우 시인의 시편은 반복되는 삶의 양상과 그것들의 공간적 광장에서 파생되는 내적 충만의 자유로운 자아성찰로서 이는 현대시의 존재론적 해석으로 간주된다. 이와 같은 연유를 근간으로 이항우 시인의 제반 시편들은 원천적인 생명의 언어를 조합하여 굴곡진 영혼을 위로하고 다독인다. 또 이는 독자적이고 개체적인 시어의 조탁과 생명외경의 현상으로 확대되며 배경지식(Schema)이 감동을 회복시켜주는 추이(推移)의 한 단면으로 작용한다. 개성과 진실은 시를 계량하는 중요한 잣대이다. 들숨 깊이 심호흡하고 이항우 시인의 표제시(標題詩) 속으로 첫걸음을 들여놓는다.

부딪치며 굴러가자
물 따라 강 따라 굴러가자
작아져도 그대로 끝까지
보잘것없는 모래 되면
또 어때

구르면서 큰 것에 부딪치자
누가 이길지 알 수 없지만

설령,
내가 지더라도
나는 부딪쳐 보자
돌멩이가 모래 될 때까지

바람이 세차게 때려도
난 아프지 않아
무엇에 패여도
난 하나도 아프지 않아
그대로 난
물 따라 강 따라 흘러가겠어

돌멩이가 모래 되어
넓은 세상에서
사공의 뱃노래도 듣고
갈매기의 슬픈 사연도 얘기하고
하얀 백사장도 만들어
밀물과 썰물 옷을 갈아입으며
바다와 함께
영원히! 영원히!

—「돌멩이 모래 되어」 전문

인간은 불균형한 삶의 지평에서 끝없는 도전과 응전의 복합적 체득 과정을 겪는다. 그것은 숙명적인 것이고 또 필연적인 것이다. 이항우 시인의 표제시 「돌멩이 모래 되어」는 그러한 인간 삶의 원천적인 모습을 진정성 있게 펼치고 있다. 시집의 본류로 표상한 생활시의 세부묘사가 지닌 리얼리티(Reality)는 단연 압권이다. 위의 작품에서 시적자아는 자신의 내면적 의지를 가감없이 드러내어 굳센 감정으로 표상화하고 있다. '돌멩이' 가 '모래' 되는 일은 극단적 부서짐의 발로이다. 부딪치며 굴러가는 인생살이에서 자신을 분쇄하는 극한적 아픔을 수용하고 극복해가는 일련의 과정이 경이로운 의지로 발현하고 있다. "바람이 세차게 때려도" 결코 아픔의 통증을 느끼지 않고 "물 따라 강 따라" 흘러가며 때로는 뱃사공의 노래도 듣고 갈매기의 슬픈 사연도 공유하면서 드넓은 세상에서 백사장을 만들어가는 시적자아의 영원한 의식의 흐름이 주목된다. 흐름은 돌멩이가 굴러가는 삶이고, 삶은 모래가 되는 진통이다. 그런 과정에서 시적자아는 결코 삶의 고통을 두려워하지 않고 밀물과 썰물을 체험하며 바다를 향해 영원히 흘러가는 의지적 삶의 양상을 보인다. 그것은 삶에 대한 충만한 도전이고 과감한 응전의 태도이다. 그런 의미에서 소박하면서도 따뜻하고 긍정성의 기운으로 충일한 이항우 시인의 시편을 함께 공유하는 일은 매우 유의미한 일로 평가된다.

이 땅에 좋은 것 다 모아 자식에게 주고파
땀 흘리는 수고쯤 기쁨으로 대신해지니
아이야
이 어미 마음 알기나 하나

입술이 타들어 가도록
오장육부가 뒤흔들도록

이를 악물고 빠지도록
험한 길 함께 걸어온 벗님네들과
참고 견디며
새 생명을 잉태해 주었다는 것을…

밝은 세상 나왔다고 울음을 터트리지만
축 늘어진 어미의 가없음을 알기나 하나
아이야
내 몸에 힘이 있는 그때까지
상상의 날개를 펴며 깊은 산속을 헤짚고 다닐 터다
훨훨 저 멀리 날 때까지

—「훨훨 저 멀리 날 때까지」 일부

새봄이 오면
바람의 향기를 아는
아름다운 풀잎이 되렵니다

… (중략) …

새봄이 오면
바람에 흔들려도
절대 바람에 꺾이지 않는
고개 숙일 줄 아는
그런 풀잎이 되렵니다

거친 땅에 깊은 뿌리 내려
모진 바람 만나도
부러지지 않고

다시 일어나는
그런 풀잎이 되렵니다

―「풀잎이 되렵니다」 일부

사유(思惟)의 본령을 새롭게 조명하여 미적 감각을 자극하는 것이 문학의 본류(本流)라면 시적화자가 지닌 삶의 철학으로 깨달음을 안겨주는 것이 서정시학의 주된 총합이다. 위의 첫 작품은 시적자아가 지닌 삶의 의지가 투명한 언어에 의해 명료화된 작품이다. 시적화자는 모체(母體)의 본성으로 자애와 헌신의 희생적 이미지를 극대화하며 새 생명을 잉태한 모성으로 아이가 "훨훨 저 멀리 날 때까지" 상상의 날개를 펴며 깊은 산속을 헤매려는 자아본성을 노래하고 있다. 또한 둘째 작품에서는 바람에 흔들려도 꺾이지 않는 풀잎의 본성을 시적자아의 삶에 대입하여 강인한 의지력을 표방하고 있다. '거친 땅'과 '모진 바람'이라는 그악한 생의 상황적 조건에 놓여서도 때로는 고개 숙이고 현실을 수용하지만, 결국은 '부러지지 않고 다시 일어나는' 풀잎이 되려는 시적자아의 개성적이고 주관적인 리리시즘(Lyricism)을 불굴의 의지로 극복하려는 삶의 태도로 노래하고 있다. 이는 마치 불멸의 민중의식을 표방하기도 하고 외부의 억압과 폭력에 유연하게 대처하며 생명력 있는 존재로 실존하는 김수영 시인의 작품 「풀」의 주제를 연상시켜 시적 상징의 여운이 큰 파문으로 일렁인다.

3. 꿈과 희망의 실존의식으로 담아낸 서정적 미학의 모티프

꿈과 희망은 실루엣(Silhouette)처럼 아련한 것이다. 이는 현실적 삶에서 실현시키고자 하는 소망과 이상의 핵심이며 앞일에 대하여 바람직한 결과를 희구(希求)하고 기대하는 마음의 진동 상태이다. 인간은 자기 나름의 아름다운 꿈과 희망을 보유할 때 즐겁고 행복한 정회를 느낀다. 가슴속에 고이 간직한 꿈과 희망은 무지개처럼 아름답고 물안개처럼 온유한 형상으로 잠재한다. 이는 극히 제한적이고 한정적인 현실의 삶을 타개하고 미래를 지향하는 카타르시스(Catharsis)의 구현으로써 통시적 생의 확장적인 경험이기도 하다.

차가운 흙 속에서도
씨앗은 꿈을 꿉니다

희망은 보이지
않는 곳에
믿음을 줍니다

아무리
겨울이 길고
추워도

두꺼운 얼음장 밑에
물은 흐르고 있습니다

—「희망」 일부

대서양, 태평양을 누비며
전 세계 곳곳을 찾아다니는 항해사
파이프 입에 물고
유니폼에 띠 두른 모자를 쓴 모습
이런 마도로스가 되는 것이 나의 꿈이었다

… (중략) …

비록 성공적인 인생을 살았다고 한들
목이 말라 물을 마시길 원했는데
우유를 마셨다면
아무리 우유가 좋고 맛있는 것이라도
결코 우유에 만족하지 못하는 것처럼
어딘가 씁쓸한 여운이 남는 나의 삶이었다

—「나는 항해사가 되고 싶었다」 일부

걷고 또 걷고
지치도록 걸어서
산 너머에 도착했지만
산 너머엔 낙엽만 떨군 채
앙상한 나뭇가지들만 있었고
그토록 갈망하던 금빛 노을은 사라져 버렸다

소년은 그만 고개를 떨구고…
간신히 마음 추스르며
마을로 발길을 되돌리려고
고개를 든 순간

소년이 살던 마을에
그토록 찾아 헤맸던
금빛 노을이 곱게 물들어 있지 않은가

—「금빛 노을을 찾아」 일부

위의 시는 시적자아의 꿈과 희망을 노래한 작품들이다. 첫째 시 「희망」은 시적자아가 일정한 거리를 유지하며 중립적이고 객관적인 시선으로 시적대상을 묘사하는 진술태도가 주목된다. 희망은 보이지 않는 곳에 존재하면서도 끊임없이 변화를 추구해 가는 속성을 지닌다. 아무리 겨울이 혹독하고 거칠어도 얼음장 밑으로는 끊임없이 물이 흐르며 봄을 지향하듯이 시적자아는 자연의 섭리에 따른 순리적 순행에 의미를 부여한다. 이 시에서 시적자아는 시적대상의 삶을 봄빛으로 채우기 위해 '어둠 속에 뿌리 내린' 존재로 그 의미를 확정함으로써 희망의 구체적 의미와 실체를 명확히 진단하고 있다. 둘째 시 「나는 항해사가 되고 싶었다」는 마도로스의 꿈을 키우다 결국 전자공학을 전공하고 IT강국의 산업 역군으로서, 개인사업을 창업한 기업인으로서, 공업단지 이사장으로서 활동하며 평소 꿈꾸던 세계와 전혀 동떨어진 삶을 살아가는 오늘날 자신의 모습을 반추하며 삶의 의미와 자아정서를 되짚어보는 작품이다. 비록 시인이 오늘날 성공적인 삶을 영위하고 있다 해도 파이프 입에 물고 대서양과 태평양을 누비는 항해사가 되지 못한 아쉬움을 씁쓸한 정회로 반추하고 있다. 셋째 시 「금빛 노을을 찾아」는 거실 창가에서 우연히 산

기슭의 금빛 노을을 발견하고 그 노을빛에 사로잡혀 무한정 찾아 나선 소년의 체험적 실례를 형상화하고 있다. 지치도록 걷고 또 걸어 산 너머까지 당도했지만 그토록 갈망하던 노을은 사라지고 이파리를 떨친 앙상한 나무들만 허허로이 맞아줄 뿐이었다. 이 시의 묘미는 그토록 간절히 찾아 헤맨 금빛 노을이 바로 소년이 살고 있는 마을에 물들어 있다는 상황의 반전에 있다. 이러한 정황 반전의 역설적 구조가 이 시를 더욱 쫀득거리는 감칠맛을 느끼게 한다.

거친 숨소리 비좁은 통학 칸
뭇 사람 땀 냄새가 코를 찌르고
어느 순간 승객들은 동편 차창으로 몰려
동해의 장관인 일출을 본다

귀가할 땐
풀빵으로 허기를 채우며
여학생 꽁무니 쫓아다니는 낭만에
기다림의 향기를 피우면서

썩고 퇴색된 대합실 벤치에
통근열차 오기만을 학수고대하고
별 보고 나가
별 보고 집으로 온다

—「기차 통학」 일부

툇마루 밑에 제비 집
초가지붕 볏짐 속엔 참새 집
앞뜰 입구엔 코스모스꽃, 백합꽃, 봉숭아꽃들
학교 갔다 돌아올 때면 똥개가 반갑다고 꼬리를 흔든다

꽤 깊은 우물가 장독대
그 옆엔 감나무 한 그루가 그늘을 선사하고
오른쪽 담장 대나무 숲
대문간 돌기둥 담벼락엔 뒷간이 붙어 있고
그 옆엔 돼지우리와 소 외양간이 자리하고
마루 모퉁이엔 요강이 놓여 있다

… (중략) …

그 옛날 정겨웠던 풍경
어느 것 하나 옛것을 찾아볼 수가 없다
이제 아늑한 옛이야기로 묻혀버린 어릴 적 우리 집

―「어릴 적 우리 집」 일부

나의 가슴에는 아름다운 한 폭의 그림이 있습니다
어릴 적 내가 살던 시골 풍경이지요

마을 앞 죽도 어귀
바위틈 사이 해송(海松)들은 해금강을 자랑하죠
검푸른 바다 위 노 젓는 어부들
어쩌다 해맑은 날씨엔 저 멀리 수평선 끝에
대마도가 한 폭의 그림자처럼 나타납니다

… (중략) …

햇볕이 내리쬐는 여름날엔
자갈밭 어귀에서 물속 깊은 곳에서 더위를 식히지요
방게도 잡고 고동도 줍고 앙장구도 캐지요
귀에 물을 뺀다고 땡볕에 달구어진 차돌멩이를 귀에 대기도 하고
놀다가 지치면 양지바른 바위틈에서 낮잠을 자기도 하죠
죽도 동단 기암 위에 고송이 우뚝 솟아 절경을 이루니
이를 일송정이라 불렀답니다

이렇게 가슴에 아름다운 풍경을 담고 산다는 것은
정말 행복한 것이랍니다
문명의 삽질로 잃어버린 나의 어릴 적 시골 풍경이지만
힘들고 어려울 때면 그 시절 그 풍경을 떠올린답니다

—「일송정」 일부

필연적으로 문학은 재미와 감동을 함께 지니는 정신 활동이다. 그렇게 재미와 감동을 함께 구현하는 주요 화소(話素)와 이미지(Image)의 하나가 바로 고향이고 추억이다. 대부분의 사람에게 그리움이나 추억을 전파하는 가장 강력한 시공은 고향이고 어린 날이다. 어린 날의 고향엔 애틋하고 그리운 여러 소품들이 동심으로 자리한다. 위의 시 「기차 통학」은 시인이 학생 시절 콩나물시루처럼 승객들로 빼곡한 기차를 타고 동해 일출의 장관을 보며 등교하고 별빛을 벗 삼아 귀가했던 지

난날의 일상적 추억을 감회 어린 시선으로 반추하고 있다. 이 시의 기저에는 새벽녘에 호롱불 켜고 도시락을 준비해 주시던 어머니에 대한 애틋한 그리움이 뭉클하게 묻어나고 있다. 반면에 시 「어릴 적 우리 집」은 시골집의 전반적인 정경을 꼼꼼한 필치와 묘사로 면밀히 그려낸 특징을 보인다. 등장하는 시어 중 '툇마루, 초가지붕, 우물가 장독대, 감나무, 대나무 숲, 담벼락, 가마솥, 온돌방, 돼지우리, 외양간, 굴뚝' 등의 정겨운 토속어와 향토적 사물들, 앞뜰에 핀 갖가지 꽃들이 추억과 그리움과 정서를 가일층 강화하고 반추시킨다. 이 시에 담긴 시적자아의 관심과 의식은 결미 부분을 장식하는 "그 옛날 정겨웠던 풍경/ 어느 것 하나 옛것을 찾아볼 수 없다"는 구절에 모아지고 있다. 이 시는 "옛이야기로 묻혀버린 어릴 적 우리 집"에 대한 아쉬움과 그리움의 정서를 되새기고 돌아보는 감회 어린 시선으로 담아내고 있다. 셋째 시 「일송정」도 시적화자의 어릴 적 시골 풍경을 제재로 하고 있는 점에서 일련의 작품과 동일한 공통점을 지닌다. 항상 시적자아의 가슴을 촉촉이 적시고 있는 그립고 정겨운 한 폭의 풍경화, 검푸른 바다와 수평선, 척박한 바위틈에 뿌리 내린 해송, 기암 괴석 위에 우뚝 솟아 절경을 이룬 고송(古松), 그런 연유로 이름 붙여진 일송정의 정경을 가슴속에 품고 살아가며 '힘들고 어려울 때마다' 틈틈이 그 풍경을 떠올려 스스로를 다독이는 시적자아의 정회와 감정이 질감 있게 잘 그려지고 있다.

4. 삶과 인생에 대한 경외감과 현상학적 존재로서의 자연물과의 교감

일찍이 영국 출신으로 미국에서 활동한 희극배우 찰리 채프린(Charles Chaplin)은 인생을 지칭하여 "가까이서 보면 비극이나 멀리서 보면 희극"이라고 진단했다. 또한 영국 사회학자 허버트 스펜서(Herbert Spencer)는 "삶이란 외적 관계에 대한 내적 관계의 끊임없는 조정이다"라 했고 미국 저널리스트 헨리 루이스 멩켄(Henry Louis Mencken)은 "인생이란 막다른 골목이다"고 정의했다. 그리고 헬렌 켈러(Helen Keller)는 "인생은 대담무쌍한 모험이거나 아무것도 아니다"라 했고 미국의 자기계발 전문가 데니스 웨이틀리(Denis Waitley)는 "패배자는 삶의 지배를 받고 승리자는 삶을 지배한다"고 설파했다. 그렇다면 과연 이항우 시인의 시집 『돌멩이 모래 되어』에 담긴 삶과 인생의 의미는 어떤 형상을 지녔고 어떤 색채로 투영되며 주도적 의미를 구현해 가는지 자못 궁금해진다.

우리가
오늘 속에서
어제와 내일을 만들 듯

삶의 길은 항상
현실 속에 있구나
오늘이 흘러 흘러
오늘이 왔건만

기나긴 세월 흐름
이제와 생각하니
꿈인 듯하네

―「삶」 일부

당신이 바로
나의 삶입니다

무거운 짐 안고
허우적거릴 때
쉽게 들어
올릴 수 있게 하는
지렛대

당신이 바로
나의 가족입니다

―「두레박」 일부

당신은 내 등불 되어
구석구석
어두운 곳까지
그 빛을 발하여
길을 잃지 않았습니다

언제나
그늘이 되어주고

의자가 되어주고
손수건이 되어주는

당신은
내일을 여는
나의 등불입니다

—「등불」 일부

만나고 헤어지는 인연은
지금도
계속 이어지고 있다

결국은 서로가
헤어질 수밖에 없는 인연이란
장미에 가시가 있는 것처럼
고통이 있게 마련이다

안녕!
그동안
너무나 아름다웠던 나날들이여!

—「인연」 일부

이항우 시인은 위의 시 「삶」에서 그 의미양상을 '오늘'과 '현실'에 주안점을 두고 명확히 방점을 찍는다. 시적자아의 삶은 결국 통시적 관점에서 오늘과 현실이라는 감각적 시제에 의해 비극이거나 희극의 형태로 구현된다. '오늘'은 어제와 내일의 주체적 삶을 이어주고

꿈인 듯 기나긴 세월의 흐름 속에 전개된다. 그것은 박진감 넘치는 리얼리즘(Realism)의 표상이기도 하고 외적 관계에 대한 내적 관계의 조정이기도 하며, 막다른 골목이거나 대담무쌍한 모험이거나 아무것도 아닌 것일 수도 있다. 본질적으로 삶은 단면적 구조의 동일성을 지향하거나 내밀히 야누스적 행태의 이중성을 추구하는 복잡 미묘한 실체일지도 모른다. 그만큼 삶은 다면적인 격조와 형상을 지닌다. 또한 시 「두레박」은 시적대상과 시적주체가 동일시되는 관점의 삶을 지향한다. 이는 "어둠을 몰아내고 희망을 길어 올리는" 두레박이며 결국 '우리' 라는 공동체 안에 삶을 수용하는 긍정적 인식의 발로로 귀결된다. 이러한 관점은 곧바로 시 「등불」로 이어지며 '당신' 과 '나' 라는 공동체가 서로의 등불이 되어 어둠을 극복해가는 휴머니즘(Humanism)적 철리(哲理)로 이어지며 인간다운 본성을 옹호하고 실현하려는 입장을 견지하게 된다. 마지막 시 「인연」에서는 시적자아가 그동안 숱한 사람들을 만나며 살아왔음을 술회하며 만나고 헤어지는 삶의 반복 속에서 인연의 의미를 진단하고 헤어짐의 고뇌를 되새기며 아름다웠던 지난날을 회억하는 구조의 특성을 보여준다. 이는 보편적 인간의 통상적 삶과 궤를 같이하는 감정의 맥락으로 규정할 수 있다.

5. 이항우 시인의 작품이 추구하는 문학적 양상(樣相)

이항우 시인의 시집 『돌멩이 모래 되어』가 구가하는

대부분의 시는 쉽게 읽히는 특성을 지니고 있다. 소박하고 편안하게 접근할 수 있는 시를 대하는 독자는 높은 가독성을 지니며 작품을 여유로이 감상하고 이해할 수 있다. 이항우 시인의 작품에 따르면 인간의 삶은 물처럼 자연스럽게 흘러가는 것이 중요함을 인식할 수 있다. 시가 우리의 고정화되고 굳어버린 고착적 인식을 깨뜨리고 자유로운 삶을 추구하는 인간정신의 표현이라 할 때 그것은 바로 일체의 억압과 권위로부터 자유와 자발을 획득하고자 하는 고매한 정신과 상통한다. 이항우 시인의 작품을 탐독할 때 가장 두드러지는 점은 시종일관 기성작품으로 길들여지지 않으려는 시적태도라 규정할 수 있다. 이항우 시인의 이 태도는 즉각 야생의 힘으로 표출되며, 그것은 가히 본능적이라고 할 만큼 강렬한 추동력을 지닌다.

이항우 시인이 상재한 시집 『돌멩이 모래 되어』의 바탕을 이루는 감정적 울림은 철저한 반복과 병렬, 연쇄적 리듬에 의한 자기고백의 모습을 다양한 프리즘으로 조명하고 있으며, 이는 곧 입체적인 스펙트럼(Spectrum)의 다양한 가시광선으로 구현된다는 사실이다. 사상과 감정이 은은히 물결치는 서정시에는 아름다운 정서가 새벽이슬처럼 영롱하다. 응축된 서정시에는 현실을 조감할 수 있는 맑은 정신과 사라진 것들에 대한 그리움이 담겨 있다. 절실한 언어와 청명한 서정으로 이루어진 작품은 현실의 삶을 긍정적으로 명료히 조명하며 굴절해내는 빛으로 작용한다. 모든 시는 사물과 내면의 상호 깨달음에서 발현한다.

이항우 시인의 시집 『돌멩이 모래 되어』의 상재를 진심으로 축하하며 앞으로도 무한한 문학적 광영이 있길 축원한다.

● 신인문학상 심사평
— 월간 『문학세계』 2008년 9월(통권 제170호) 시 부문

치열한 삶의 철학으로 직조해내는 감성 시학 탁월

이항우 님의 「돌멩이 모래 되어」, 「삶」, 「일송정(一松亭)」, 「둥지에서」, 「광명호」를 당선작으로 선정했다. 치열한 삶의 과정 속에서 터득한 철학으로 만들어내는 산물이 바로 작품이었고, 이는 감성시학의 근원으로 작용하고 있었다. 일정 수준을 넘어선 투고된 작품들마다 살아 있는 미적 감각이 이를 뒷받침하고 있었다.

이항우 님의 투고작 중에서 「돌멩이 모래 되어」는 삶의 여백을 채워가는 기법이 탁월한 작품으로 꼽힐 만큼 대단히 좋은 평을 받았다. 이는 곧 '돌멩이=모래=자아(自我)' 라는 공식을 통한 홀로서기의 신념화를 표출시키는 요인이 되었다. 「삶」에서는 '삶이란 현실에 대한 반추' 라는 사실을 인식하게 만드는 기법이 남달랐다. 「일송정」은 가슴속에 담겨져 있는 아름다운 화첩을 꺼내듯, 활달한 시상 전개로 선 굵은 이미지들을 구가하고 있었다. 「둥지에서」는 변화 속에 적응하는 현대인의 갈등양상을 표현하고 있는 작품이었다. 즉, '개개비와 뻐꾸기' 의 역설적인 사회현상을 잘 그려내고 있었다. 「광명호」는 '–가' 의 의문형과 '–자' 의 청유형의 적절히 구사하여 시적 긴장감을 이끌어내는 세련된 작품이었다.

이에, '삶은 곧 작품이다' 라는 인식을 가능케 한 신인 한 명을 발굴하게 되었다. 뛰어나고 멋진 시인으로 대성하길 바란다.

♣심사위원 박곤걸 金天雨

● 신인문학상 당선소감
— 월간 『문학세계』 2008년 9월(통권 제170호) 시 부문

지금까지가 아니라 지금부터 시작

설마 당선되리라 믿기지가 않았습니다. 보잘것없는 글을 뽑아주셔서 너무 감사합니다.

왠지 마음이 무거워 옵니다. 얼떨결에 입학한 유치원생이 된 것 같습니다.

지금까지가 아니라 지금부터 시작이라 생각하겠습니다. 더욱 열심히 노력하며 제 얼굴에 맞는 시를 쓰겠습니다.

월간 『문학세계』의 가족이 됨을 큰 기쁨으로 생각하며 우리 가족 모두에게 좋은 일만 있기를 바랍니다.

다시 한번 심사위원님들에게 감사드립니다.

문학세계대표작가선 843

돌멩이 모래 되어

이항우 시집

인쇄 1판 1쇄 2018년 1월 7일
발행 1판 1쇄 2018년 1월 14일

지 은 이 : 이항우
펴 낸 이 : 김천우
펴 낸 곳 : 도서출판 천우
등 록 : 1992. 2. 15. 제1-1307호
주 소 : 서울시 성동구 무학봉28길 6 금용빌딩 2F
전 화 : 02)2298-7661
팩 스 : 02)2298-7665
http://moonhak.wla.or.kr
E-mail : chunwo@hanmail.net

값 12,000원

ISBN 978-89-7954-709-2